O SACRIFÍCIO

AS SETENTA SEMANAS DE DANIEL

Editora Appris Ltda.
1.ª Edição - Copyright© 2025 dos autores
Direitos de Edição Reservados à Editora Appris Ltda.

Nenhuma parte desta obra poderá ser utilizada indevidamente, sem estar de acordo com a Lei nº 9.610/98. Se incorreções forem encontradas, serão de exclusiva responsabilidade de seus organizadores. Foi realizado o Depósito Legal na Fundação Biblioteca Nacional, de acordo com as Leis nos 10.994, de 14/12/2004, e 12.192, de 14/01/2010.

Catalogação na Fonte
Elaborado por: Josefina A. S. Guedes
Bibliotecária CRB 9/870

S586u 2025	Silva, Adriano José da O Sacrifício: as setenta semanas de Daniel / Adriano José da Silva. – 1. ed. – Curitiba: Appris: Artêra, 2025. 221 p. ; 21 cm. ISBN 978-65-250-6611-0 1. Daniel, Profeta. 2. Bíblia. 3. Escatologia. 4. Profecias. I. Título. CDD – 236

Livro de acordo com a normalização técnica da ABNT

Editora e Livraria Appris Ltda.
Av. Manoel Ribas, 2265 – Mercês
Curitiba/PR – CEP: 80810-002
Tel. (41) 3156 - 4731
www.editoraappris.com.br

Printed in Brazil
Impresso no Brasil

Adriano José da Silva

O SACRIFÍCIO

AS SETENTA SEMANAS DE DANIEL

Curitiba, PR
2025

FICHA TÉCNICA

EDITORIAL	Augusto V. de A. Coelho
	Sara C. de Andrade Coelho
COMITÊ EDITORIAL	Marli Caetano
	Andréa Barbosa Gouveia (UFPR)
	Edmeire C. Pereira (UFPR)
	Iraneide da Silva (UFC)
	Jacques de Lima Ferreira (UP)
SUPERVISORA EDITORIAL	Renata C. Lopes
PRODUÇÃO EDITORIAL	Adrielli de Almeida
REVISÃO	Marcela Vidal Machado
DIAGRAMAÇÃO	Bruno Ferreira Nascimento
CAPA	Lívia Weyl
REVISÃO DE PROVA	Juliana Turra

Em certo momento, me deparei com um vídeo na internet com o tema de uma "noite escatológica" com o senhor Leandro de Lima e o senhor Paulo Junior, dois pastores exemplares e dedicados ao estudo da Escrituras.
Em certo momento, o senhor Paulo pergunta ao senhor Leandro:
— O que são as 70 semanas descritas no livro de Daniel, capítulo nove, versículos vinte e cinco?
O pastor Leandro, devido à complexidade do tema, responde com tom de brincadeira:
— Não sei, ninguém sabe e tenho raiva de quem sabe. Brincadeiras à parte, de fato este é dos temas mais complexos e abrangentes das Escrituras.

Dedicado à sabedoria

"Naquele tempo, respondendo Jesus, disse: Graças te dou, ó Pai, Senhor do céu e da terra, que ocultaste estas coisas aos sábios e entendidos, as revelaste pequeninos" (Mateus 11:25).

Este livro é dedicado a todas as pessoas que buscam o conhecimento, a sabedoria vale mais do que o ouro e a prata, sejam elas sábias, intelectuais ou pequeninas. Quem busca a sabedoria, como se busca o ouro ou a prata, a achará.

"A glória de Deus está nas coisas encobertas; mas a honra dos reis, está em descobri-las" (Provérbios: 25:2).

"Muitos serão purificados e embranquecidos e provados; mas os ímpios procederão impiamente e nenhum dos ímpios entenderá, mas os sábios entenderão" (Daniel 12:10)

"E ele disse: Vai, Daniel, porque estas palavras estão fechadas e seladas até o tempo do fim" (Daniel 12:9).

"Tudo o que aconteceu com Jesus Cristo, aconteceu com o templo de Deus e com a cidade santa de Jerusalém e o povo de Daniel. O testemunho de Jesus é o espírito da profecia" (Apocalipse 19:10).

*Dedicado a todos os que buscam
o conhecimento da palavra de Deus*

Dedicado à memória do Arcebispo de Armagh James Ussher, o qual nasceu em Dublin, no dia 4 de janeiro de 1581, e morreu em Surrey, na Inglaterra, dia 21 de março de 1656. De acordo com os cálculos do Arcebispo Usher, a criação de Adão teria ocorrido em 4004 a.C. Seguindo sua cronologia, o dilúvio teria acontecido em 2348 a.C., e o nascimento de Abraão estaria datado em 1996 a.C. Essas datas foram estabelecidas com base em uma análise cuidadosa das genealogias e eventos registrados na Bíblia. Durante muito tempo foi esta a versão autorizada pela igreja, tendo mesmo sido divulgada através de várias edições da Bíblia, durante cerca de dois séculos.

AGRADECIMENTOS

À senhora Anne Philip Santos, pelo trabalho de cronologia registado em sua página na web[1].

---
[1] Veja mais em: https://cronologiab.blogspot.com/.

APRESENTAÇÃO

O sacrifício

Neste livro, contrariando todas as interpretações que surgiram no decorrer da história sobre uma das profecias mais complexas das Escrituras Sagradas, localizada no livro de Daniel, capítulo nove, conhecida popularmente como sendo as 70 semanas do livro de Daniel, demonstraremos como ela poderá cumprir-se em um futuro próximo.

O leitor não encontrará esta interpretação em outra publicação do gênero, trata-se de uma interpretação inédita.

O foco dela está na última semana da profecia, que até a publicação deste livro é um dos maiores mistérios da escatologia bíblica moderna.

As setenta semanas de Daniel é um tema que será abordado de modo histórico e didático, respeitando a cronologia dos fatos por meio de uma linha de raciocínio bem definida e de fácil entendimento.

Como dizem, quando se acha o fio da meada, é só puxar.

Adriano José da Silva, canal no YouTube
@adrianojosedasilva7, "escravo fiel e prudente".

Inspirado nos textos de Hebreus,
capítulo 9:15-22 e capítulo 10:1-7

Exatamente por esse motivo, Cristo é o mediador de uma nova aliança para que todos aqueles que são chamados recebam a promessa da herança eterna, visto que ele morreu como resgate por todas as **transgressões cometidas durante o período em que vigorava a primeira aliança.** No caso de um testamento, é imperioso que se comprove a morte daquele que o determinou; porquanto, um testamento só tem validade legal após a confirmação da morte do testador, considerando que não poderá entrar em pleno vigor enquanto estiver vivo quem o fez. Por essa razão, nem a primeira aliança foi sancionada sem sangue, tendo em vista que, depois de proclamar todos os mandamentos da Lei a todo o povo, Moisés levou sangue de novilhos e de bodes, também água, lã vermelha e ramos de hissopo, e aspergiu sobre o livro e toda a população, declarando: "Este é o sangue da aliança, a qual Deus ordenou para obedecerdes". E procedeu da mesma maneira, aspergindo com o sangue o próprio tabernáculo e todos os utensílios usados nas cerimônias sagradas. De fato, conforme a Lei, quase todas as coisas são purificadas com sangue e sem derramamento de sangue não pode haver absolvição!

A lei é apenas uma sombra das coisas boas que estavam para vir e **não a imagem real das coisas**. É por isso que, mesmo com os sacrifícios que são oferecidos repetidamente ano após ano, a lei não pode tornar perfeitos aqueles que se aproximam para adorar. Se ela pudesse, esses sacrifícios teriam parado de ser oferecidos, pois os adoradores estariam limpos de seus pecados e não se sentiriam mais culpados por causa desses pecados. Esses sacrifícios, entretanto, fazem com que as pessoas se lembrem de seus pecados a **cada ano, pois é impossível que sangue de touros e de bodes remova pecados**. Por isso Cristo, ao entrar no mundo, disse:

"O Senhor não quer sacrifícios nem ofertas,
mas me preparou um corpo.
O Senhor não se agrada de sacrifícios de animais
mortos e queimados,
ou de sacrifícios para tirar pecados.
Então eu disse:
"Eu estou aqui, ó Deus;
eu vim para fazer a sua vontade,
assim como está escrito a meu respeito no
Livro da Lei".

"Em toda a região do Líbano, não há animais suficientes para realizar um sacrifício como Deus merece, nem mesmo árvores suficientes para queimar este holocausto" (Isaías 40:16).

SUMÁRIO

Introdução 19
Um nascimento especial (Gênesis capítulos 21 e 22) 21
Pacto com Davi (segundo Samuel capítulo 7) 23
Domínio babilônico 26
Fim dos descendentes de Davi 28
As pragas descritas no livro da lei 31
Um pedido especial 33
O contexto da profecia 36
A expiação dos pecados 37
A revelação 40
O decreto de Ciro 42
Os tempos distintos 45
O começo da construção 47
O cálculo 49
Morto pelos pecados do povo de Daniel 50
Para cada ano de pecado, um dia foi determinado 53
Raciocínio lógico 55
A cronologia confirma a profecia 57
O espírito da profecia e o testemunho de Jesus 60
Cumprindo a antiga aliança 65
A nova aliança 69
A restauração do reino de Israel 72
Refutando o período de 490 anos 73
Refutando o anticristo 74
Direito legal: afastados da presença de Deus 76
Todo o Israel será salvo 78
Os anticristos 79
O livro de Jeremias (parte a) 80
Daniel: entenda a visão 83
Visão do capítulo dois 84
Visão do capítulo quatro 87
Uma profecia confirmando a outra 92
As duas águias 96
Visão do capítulo sete 100

Leopardo recebe o domínio	101
Visão do capítulo oito	103
O livro de Jeremias (parte b)	104
Os tempos dos gentios (parte a)	108
Os tempos dos gentios (parte b)	110
A mulher que fugiu para o deserto	112
A besta saindo do mar	114
Besta da terra	119
Reestabelecimento do Reino nos pés da estátua	124
Cronologia dos capítulos sete e oito	126
Chifre pequeno	128
Filho do Homem recebe o domínio	130
Animal perde o domínio	131
Daniel capítulo nove e doze e Jeremias 25	135
A grande tribulação	138
Cronologia	143
O tempo de angústia	145
O ano de 1914 as guerras e desolações estavam determinadas	147
Fomes e terremotos	148
Pestilências	150
Falsos profetas	151
Período de tempo abreviado	156
O sol, a lua e as estrelas cairão dos céus	157
Apenas uma hora	163
Olhar para a figueira	169
As 2300 tardes e manhãs e os 1290 dias com os 1335 dias	170
Figueira floresce	174
Esconderam-se em cavernas	177
Fechamento de todo o comércio	179
Os 144 mil selados	181
A grande multidão	183
Sermão do monte	185
Servo fiel e prudente	186
Selada para um tempo apropriado	187
Outras interpretações	211
Interpretações	217

Introdução

Muitas pessoas pelo mundo afora têm se deparado com enigmas escondidos nas páginas do livro mais lido do planeta Terra, a Bíblia. No decorrer da história, podemos encontrar vários desses enigmas – alguns os chamam de mistérios – que se ocultam nesse livro escrito por pessoas conhecidas como profetas tendo uma espécie de contato com Deus – em que Deus revela a sua a vontade ou o que vai acontecer no futuro –, com um grupo de pessoas ou com a humanidade inteira por meio deles.

Muitas profecias cumpriram-se fielmente no passado, todas reveladas com bastante antecedência por esses profetas, como o cativeiro babilônico de 70 anos, do período do ano 606 a.C. ao ano 536 a.C., a destruição do primeiro templo de Jerusalém no ano 586 a.C., bem como a destruição do segundo templo no ano 70 d.C.

O livro tem a finalidade de demonstrar de forma fiel, sem alterações, os textos escritos pelos profetas, com as indicações reveladas por estes, dando assim mais credibilidade a esses escritos e aos profetas, que, inspirados por Deus, escreveram as profecias que se cumpriram fielmente.

Demonstraremos de forma lógica e didática como deve se cumprir a profecia mais longa e mais importante dos profetas: Jeremias, Isaías, Ezequiel, João, Daniel etc.

Muitos chamam essa profecia de as "70 semanas de Daniel", mas o foco principal é a última semana das 70 semanas de Daniel.

Faremos isso respeitando a cronologia dos fatos bíblicos de maneira histórica, vamos contar uma história com começo, meio e fim.

Como se trata de um estudo cronológico, todas as datas apresentadas durante a história serão justificadas durante ela.

Um nascimento especial
(Gênesis capítulos 21 e 22)

Começaremos nossa jornada pela história, um pouco antes do ano de 1896 a.C., com um homem já idoso chamado pelo nome de Abraão. Ele e sua esposa de nome Sara, também idosa, até então sem filhos, recebem a notícia de que serão pais de um filho e que o chamarão pelo nome de Isaque.

Deus promete a Abraão que a sua descendência seria como as estrelas nos céus: "Farei a tua descendência numerosa, como as estrelas dos céus; Eu lhe darei estas terras e por tua posteridade serão abençoadas todas as nações da terra; O meu pacto, porém, estabelecerei com Isaque, que Sara te dará à luz neste tempo determinado, no ano vindouro; Ao acabar de falar com Abraão, subiu Deus diante dele" (Gênesis 26:1-5).

Isaque cresce forte e saudável, porém, quando tem cerca de 30 anos, Deus aparece a Abraão e pede que ele seja oferecido em sacrifício. Abraão realiza tudo conforme o pedido de Deus, e Deus, vendo a fé que Abraão demonstrou ao não negar seu único filho, providenciou um cordeiro para o sacrifício no lugar de Isaque.

Deus então promete a Abraão: "Porque você fez isso e não me negou o seu filho, o seu único filho, juro por mim mesmo, diz o Senhor, que certamente o abençoarei e multiplicarei a sua descendência, como as estrelas dos céus e como a areia que está na praia do mar. Sua descendência tomará posse das cidades dos seus inimigos. Na sua descendência serão benditas todas as nações da terra, porque você obedeceu à minha voz" (Gênesis 22:16-18).

Compreender o porquê de tudo isso será muito importante no decorrer da história para compreendermos os cálculos proféticos da primeira metade da semana, da última semana das 70 semanas de Daniel, capítulo nove.

A partir desse ponto da história, Deus entrega a lei e surgem mais profetas, os sacerdotes e os juízes para julgar o povo e, por fim, os reis de Israel.

Pacto com Davi
(segundo Samuel capítulo 7)

Em certa ocasião, o rei Davi, então, observa que estava morando em uma casa de cedro enquanto o seu Deus morava em uma tenda. O rei Davi já morava no seu palácio quando, certo dia, ele disse ao profeta Natã: "Aqui estou eu, morando em um palácio de cedro, enquanto a arca da aliança do Senhor permanece em uma simples tenda. Natã respondeu a Davi: Faz o que tiveres em mente, pois Deus está contigo.

Porém, naquela mesma noite, veio a palavra do Senhor a Natã, dizendo: Vai e diga a meu servo Davi que assim diz o Senhor: Tu não edificarás casa para minha habitação, porque em casa nenhuma habitei, desde o dia que fiz subir a Israel até o hoje, mas tenho andado de tenda em tenda, de tabernáculo em tabernáculo.

Em todo lugar em que andei com todo o Israel, falei, acaso, alguma palavra com algum dos seus juízes, a quem mandei apascentar o meu povo, dizendo: Por que não me edificais uma casa de cedro? Agora, pois, assim dirás ao meu servo Davi, que assim diz o Senhor dos Exércitos: Tomei-te da malhada e de detrás das ovelhas, para que fosses príncipe sobre o meu povo de Israel. E fui contigo por onde quer que andaste, eliminei os teus inimigos de diante de ti e fiz grande o teu nome, como só os grandes têm na terra.

Prepararei lugar para o meu povo de Israel e o plantarei para habitar no seu lugar e não mais seja perturbado; e jamais os filhos da perversidade o oprimam, como dantes, desde o dia em que mandei que houvesse juízes sobre o meu povo de Israel, porém, abati todos os teus inimigos e te fiz saber que o Senhor te edificaria uma casa. Há de ser que, quando teus dias se cumprirem e tiveres de ir para junto de teus pais, então farei levantar após ti o teu descendente, que será dos teus filhos e estabelecerei o seu reino. Este me edificará a casa e eu estabelecerei o seu trono para sempre. Eu lhe serei por pai e ele me será por filho; a minha misericórdia não apartará dele, como a retirei daquele que foi antes de ti. Mas o confirmarei na minha casa e no meu reino para sempre e o seu trono será estabelecido para sempre. Segundo essas palavras e conforme essa visão, assim falou Natã a Davi (2 Samuel 7: 2-17; 1 Crônicas 17: 1-15).

Devemos observar, nesses textos, que não se trata do rei Davi, nem do seu descendente direto, ou seja, do rei Salomão, que construiu o primeiro templo, e sim de um descendente de Davi no futuro, que edificaria a casa de seu Deus para sempre e seria conhecido por ser o filho de Deus e Deus seria o seu pai (Jesus).

Deus promete uma descendência ao rei Davi. "Agora, Senhor Deus, confirma para sempre a promessa que fizeste a respeito de teu servo e de sua descendência. Faz conforme prometeste, para que o teu nome seja engrandecido para sempre e os homens digam: O Senhor dos Exércitos é o Deus de Israel! E a descendência de teu servo Davi se manterá firme diante de ti. Ó Senhor dos Exércitos, Deus de Israel, tu mesmo o revelaste a teu servo, quando disseste: Estabelecerei uma dinastia para você. Por isso o teu servo achou coragem para orar a ti. Ó Soberano Senhor, tu és Deus! Tuas palavras são verdadeiras e tu fizeste essa boa promessa a teu servo. Agora, por tua bondade, abençoa a família de teu servo, para que ela continue para sempre na tua presença. Tu, ó Soberano Senhor, o prometeste! E, abençoada por ti, bendita será para sempre a família de teu servo" (2 Samuel 7: 25-29).

O rei Salomão confirma essa promessa que Deus fez aos descendentes de Davi, dizendo: E pôs-se Salomão, diante do altar do Senhor, na presença de toda a congregação de Israel; e estendeu as suas mãos para os céus e disse: "Ó Senhor, Deus de Israel, não há Deus como tu, em cima nos céus, nem em baixo na terra; que guardas a aliança e a beneficência, a teus servos que andam com todo o seu coração diante de ti. Que guardaste a teu servo Davi, meu pai, o que lhe disseras; porque com a tua boca o dissestes e com a tua mão o cumpriste, como neste dia se vê. Agora, pois, ó Senhor Deus de Israel, guarda a teu servo Davi, meu pai, o que lhe falaste, dizendo: Não te faltará sucessor diante de mim, que se assente no trono de Israel; somente que teus filhos guardem o seu caminho, para andarem diante de mim, como tu andaste diante de mim. Agora também, ó Deus de Israel, cumpra-se a tua palavra, que disseste a teu servo Davi, meu pai" (1Reis 8:22-26).

Essa descendência foi registrada no livro dos Reis de Israel, durou até o ano de 606 a.C., quando o rei Jeoaquim se rebelou contra Nabucodonosor, rei da Babilônia, dando início ao período da história conhecido como o cativeiro babilônico.

Domínio babilônico

Com o passar do tempo, observando a história secular pela primeira vez na história dos israelitas, um gentil começou a governar, ou "pisar" em Jerusalém, sem pertencer à descendência do rei Davi. Seu nome era Nabucodonosor, o rei da Babilônia.

Todos os israelitas foram submetidos a um governo estrangeiro, logo os descendentes de Davi deixaram de governar em Jerusalém passando a serem vassalos de Nabucodonosor, o rei da Babilônia

Jerusalém começa a ser pisada pelas nações no ano de 606 a.C.

Tudo isso aconteceu a Israel devido aos descendentes de Davi não andarem no caminho do Senhor, segundo o livro de 2 Reis 23:23-27. Durante o reinado do rei Josias, no 18º ano do seu reinado, ele realiza um páscoa para o Senhor, também remove os adivinhos, os feiticeiros, os terafins, os ídolos e todas as abominações que se viam na terra de Judá e em Jerusalém, extirpou Josias para confirmar as palavras da lei, que estavam escritas no livro que o sacerdote Hilquias achara na casa do Senhor.

Todavia, o Senhor não se retirou do ardor da sua grande ira, que ardia contra Judá, por todas as provocações de Manassés, um rei descendente de Davi. Ele era filho de Ezequias, um rei temente a Deus, que lutou contra a idolatria. Mas Manassés não era como seu pai. Ele abandonou o Deus de seus antepassados e cometeu muitos pecados.

Manassés construiu muitos altares idólatras, até mesmo dentro do templo de Deus!

E disse o Senhor: "Também a Judá hei de tirar de diante da minha face, como tirei a Israel" (2 Reis 23:27). O povo israelita já tinha sido tirado da face de Deus, sendo levado em cativeiro pelos assírios. O cativeiro assírio é o termo dado ao evento ocorrido após a queda de Israel, em que o povo de Israel foi levado para a Assíria e para a Média no ano 722 a.C. Salmanaser V deportou os israelitas para a Assíria e os levou para Hala, para as margens do harbor rio de Gozã e para as cidades da Média. Os assírios levaram outros povos subjugados pela Assíria para morar na Palestina. O Senhor disse: "E rejeitarei a cidade de Jerusalém que escolhi, como também a casa de que falei: Para ali estivesse o meu nome" (2 Crônicas 6:6).

E o Senhor enviou contra ele as tropas dos caldeus, as tropas dos sírios, as tropas dos moabita e as tropas dos filhos de Amom e as enviou contra Judá, para o destruir, conforme a palavra do Senhor, que falara pelo ministério de seus servos, os profetas.

O profeta Jeremias já tinha profetizado que Jerusalém seria entregue para o rei da Babilônia, Nabucodonosor

Isso, na verdade, conforme o mandato do Senhor, assim sucedeu a Judá, para o afastar da sua presença devido aos pecados de Manassés, conforme tudo quanto fizera.

Como também devido ao sangue inocente que derramou, pois encheu Jerusalém de sangue inocente, por isso o Senhor não quis perdoar (2 Reis 24:1-4).

Fim dos descendentes de Davi

O próprio Senhor entregou Jerusalém aos seus inimigos, cortando, assim, os descendentes de Davi do seu trono em Jerusalém.

O profeta Jeremias, no seu livro, registrou que isso iria acontecer, que Jerusalém iria para o cativeiro e que esse cativeiro duraria um período de 70 anos. O Senhor os enviou contra Judá, para o destruir, conforme a palavra de Jeremias pregada durante o reinado de Zedequias, profetizando que Babilônia conquistaria Jerusalém e que os que sobreviverem seriam levados para a Babilônia, viveriam em cativeiro por um período de 70 anos.

A mensagem a seguir foi comunicada a Jeremias, da parte do Senhor, quando Nabucodonosor, rei da Babilônia, com todos os seus exércitos, formados por gente de todos os povos que dominava, vieram combater Jerusalém e as cidades de Judá: "Vai dizer a Zedequias, rei de Judá, que o Senhor, o Deus de Israel, lhe comunica o seguinte: Darei esta cidade ao rei da Babilônia e este a queimará. E tu não escaparás, mas serás capturado e levado à presença dele, que pronunciará a sua sentença contra ti, a tua deportação para a Babilônia" (Jeremias 34: 2-6).

Ele também profetiza que, nos últimos dias, o Messias voltará, reinando e coligando seu povo.

"Os remanescentes de Israel serão reunidos nos últimos dias, o renovo, que é o rei, o Messias, reinará em retidão os falsos profetas que ensinam mentiras serão amaldiçoados.

E eu mesmo recolherei o restante das minhas ovelhas, de todas as terras para onde as tiver afugentado e as farei voltar aos seus currais; e frutificarão e se multiplicarão. Eu mesmo reunirei os remanescentes do meu rebanho de todas as terras para onde os expulsei e os trarei de volta à sua pastagem, a fim de que cresçam e se multipliquem. Estabelecerei sobre eles pastores que cuidarão deles. E eles não mais terão medo ou pavor e nenhum deles faltará, declara o Senhor; Dias virão, declara o Senhor, em que levantarei para Davi um renovo justo, um rei que reinará com sabedoria e fará o que é justo e certo na terra; Em seus dias Judá será salva, Israel viverá em segurança e este é o nome pelo qual será chamado: O Senhor é a Nossa Justiça" (Jeremias 23:3-6).

"Eis que eu enviarei e tomarei a todas as famílias do norte, diz o Senhor, como também a Nabucodonosor, rei de Babilônia, meu servo, e os trarei sobre esta terra e sobre os seus moradores e sobre estas nações em redor e os destruirei totalmente e farei que sejam objeto de espanto e de assobio e de perpétuas desolações. E farei desaparecer dentre eles a voz de gozo e a voz de alegria, a voz do esposo e a voz da esposa, como também o som das mós e a luz do candeeiro. Esta terra será um deserto e um espanto; e estas nações servirão ao rei de Babilônia setenta anos. Acontecerá, porém, que quando se cumprirem os setenta anos, visitarei o rei de Babilônia e esta nação, diz o Senhor, castigando a sua iniquidade e a terra dos caldeus; farei deles ruínas perpétuas. E trarei sobre aquela terra todas as minhas palavras, que disse contra ela, a saber, tudo quanto está escrito neste livro, que profetizou Jeremias contra estas nações" (Jeremias 25:8-13).

E, de fato, tudo o que está escrito no livro de Jeremias está registrado na história secular.

Tudo isso começa a acontecer a partir do ano 606 a.C., as pragas descritas no livro da lei começam a cair sobre o povo de Jerusalém, que não abandonou o seu mau caminho, desprezando as mensagens dos seus profetas.

"Jerusalém, Jerusalém, que mata os profetas e apedreja os mensageiros que Deus lhe manda! Quantas vezes eu quis abraçar todo o seu povo, assim como a galinha ajunta os seus pintinhos debaixo das suas asas, mas vocês não quiseram!" (Mateus 23:37).

As pragas descritas no livro da lei

"Se não tiveres cuidado de guardar todas as palavras desta lei, escritas neste livro, para temeres este nome glorioso e terrível, Senhor, teu Deus, então, o Senhor fará terríveis as tuas pragas e as pragas de tua descendência, grandes e duradouras pragas e enfermidades graves e duradouras; fará voltar contra ti todas as moléstias do Egito, que temeste; e se apegarão a ti. Também o Senhor fará vir sobre ti toda enfermidade e toda praga que não estão escritas no livro desta lei, até que sejas destruído" (Deuteronômio 28:58-61).

"Quando pecarem contra ti, pois não há ninguém que não peque e ficares irado com eles e os entregares ao inimigo, que os levem prisioneiros para a sua terra, distante ou próxima; se eles caírem em si, na terra para a qual foram deportados [Babilônia] e se arrependerem e lá orarem: Pecamos, praticamos o mal e fomos rebeldes'; e se lá eles se voltarem para ti de todo o coração e de toda a sua alma, na terra dos inimigos que os levaram como prisioneiros, e orarem voltados para a terra que deste aos seus antepassados, para a cidade que escolheste e para o templo que construí em honra do teu nome, então, desde os céus, o lugar da tua habitação, ouve a sua oração e a sua súplica e defende a sua causa. Perdoa o teu povo, que pecou contra ti; **perdoa todas as transgressões que cometeram contra ti** e fazes com que os teus conquistadores tenham misericórdia deles; pois são o teu povo e a tua herança, que tiraste do Egito, da fornalha de fundição. Que os teus olhos estejam abertos para a súplica do teu servo e para a súplica do teu povo Israel e que os ouças sempre que clamarem a ti" (1 Reis 8:46-52).

"Então, dos céus, lugar da tua habitação, ouve a tua oração e a tua súplica e defende a tua causa. Perdoa o teu povo, que pecou contra ti. Assim, meu Deus, que os teus olhos estejam abertos e teus ouvidos atentos às orações feitas neste lugar. Agora, levanta-te, ó Senhor, ó Deus, e vem para o teu lugar de descanso, tu e a arca do teu poder. Estejam os teus sacerdotes vestidos de salvação, ó Senhor, ó Deus; que os teus santos se regozijem em tua bondade. Ó Senhor, ó Deus, não rejeites o teu ungido. Lembra-te da fidelidade prometida a teu servo Davi" (2 Crônicas 6:39-42).

Um pedido especial

É exatamente isto o que acontece com um dos cativos na Babilônia, de nome Daniel, que escreveu o livro que leva o seu nome. Nesse livro, Daniel tem várias visões e faz uma oração suplicando e pedindo a Deus que perdoe os pecados que eles cometeram. Pela cidade de Jerusalém e pelo templo destruído, nesta oração ele reconhece os seus pecados e os pecados do seu povo.

Daniel pede a Deus que perdoe esses pecados cometidos contra a lei de Moisés, pelos pecados dos seus antepassados, pecados que os levaram ao cativeiro na Babilônia.

Esta oração está registra no capítulo 9 do seu livro; Daniel suplicou ao Senhor, da seguinte forma:

"E eu dirigi o meu rosto ao Senhor Deus, para o buscar com oração e súplicas, com jejum, saco e cinza.

E orei ao Senhor meu Deus e confessei e disse:

Ah! Senhor! Deus grande e tremendo, que **guardas a aliança** e a misericórdia para com os que te amam e guardam os teus mandamentos;

Pecamos e cometemos iniquidades e procedemos impiamente e fomos rebeldes, apartando-nos dos teus mandamentos e dos teus juízos;

E não demos ouvidos aos teus servos, os profetas, que em teu nome falaram aos nossos reis, aos nossos príncipes e aos nossos pais, como também a todo o povo da terra.

A ti, ó Senhor, pertence à justiça, mas a nós a confusão de rosto, como hoje se vê; aos homens de Judá e aos moradores de Jerusalém e a todo o Israel, aos de perto e aos de longe, em todas as terras por onde os tens lançado, devido às suas rebeliões que cometeram contra ti.

Ó Senhor, a nós pertence à confusão de rosto, aos nossos reis, aos nossos príncipes e aos nossos pais, porque pecamos contra ti.

Ao Senhor, nosso Deus, pertencem à misericórdia e o perdão, pois nos rebelamos contra ele.

E não obedecemos à voz do Senhor, nosso Deus, para andarmos nas suas leis, que nos deu por intermédio de seus servos, os profetas.

Sim, todo o Israel transgrediu a tua lei, **desviando-se para não obedecer à tua voz; por isso a maldição e o juramento, que estão escritos na lei de Moisés, servo de Deus, se derramaram sobre nós; porque pecamos contra ele.**

E ele confirmou a sua palavra que falou contra nós e contra os nossos juízes que nos julgavam, trazendo sobre nós um grande mal; porquanto debaixo de todo o céu nunca se fez como se tem feito em Jerusalém.

Como está escrito na lei de Moisés, este mal nos sobreveio; apesar disso, não suplicamos à face do Senhor, nosso Deus, para nos convertermos das nossas iniquidades e para nos aplicarmos à tua verdade.

Por isso o Senhor vigiou sobre o mal e o trouxe sobre nós; porque justo é o Senhor, nosso Deus, em todas as suas obras, que fez, pois não obedecemos à sua voz.

Agora, pois, ó Senhor, nosso Deus, que tiraste o teu povo da terra do Egito com mão poderosa e ganhaste para ti nome, como hoje se vê; temos pecado, temos procedido impiamente.

Ó Senhor, segundo todas as tuas justiças, aparte-se a tua ira e o teu furor da tua cidade de Jerusalém, do teu santo monte; porque devido aos nossos pecados e devido às iniquidades de nossos pais, tornou-se Jerusalém e o teu povo um opróbrio para todos os que estão ao nosso redor.

Agora, pois, ó Deus nosso, ouve a oração do teu servo e as suas súplicas e sobre o teu santuário destruído faz resplandecer o teu rosto, por amor do Senhor.

Inclina, ó Deus meu, os teus ouvidos e ouve; abre os teus olhos e olha para a nossa desolação e para a cidade chamada pelo teu nome, porque não lançamos as nossas súplicas perante a tua face fiados em nossas justiças, mas em tuas muitas misericórdias.

Ó Senhor, ouve; ó Senhor, perdoa; ó Senhor, atende-nos e age sem tardar; por amor de ti mesmo, ó Deus meu; porque a tua cidade e o teu povo são chamados pelo teu nome" (Daniel 9:3-19).

O contexto da profecia

Essa oração é muito importante para entendermos, plenamente, do que se trata a profecia, a mais complexa e mais intrigante das Escrituras Sagradas, conhecida pela maioria dos teólogos e exegetas como sendo as 70 semanas de Daniel. Devemos observar todo o contexto desse pedido na oração, em que Daniel pede para serem perdoados os pecados cometidos pelo seu povo e pela sua cidade santa, pecados dos seus pais, dos seus príncipes, dos seus reis e de todo o povo da terra de Jerusalém, todo o Israel se desviou da *lei dada por intermédio dos profetas, esses pecados foram cometidos durante a validade do pacto com Abraão ou pacto com os israelitas, também conhecido como a primeira aliança de Deus com os homens.* Mesmo porque os povos gentios não estavam obrigados a seguirem a lei de Moisés e não realizavam sacrifício nem ofertas de manjares para o Deus de Israel.

"Estes pecados cometidos durante a primeira aliança necessitavam ser corrigidos ou expiados" (Hebreus 9:15).

Por essa razão, Cristo é o mediador de uma nova aliança para que os que são chamados recebam a promessa da herança eterna, visto que ele morreu como resgate pelas transgressões cometidas sob a primeira aliança.

Significado de expiação é o mesmo que: pagado, purgado, resgatado, remido.

A expiação dos pecados

Os pecados do povo israelita eram expiados, segundo o que está na lei de Moisés, no dia 10 do sétimo mês. Todos os israelitas e os estrangeiros que moravam no meio do povo não comiam nada o dia inteiro e não faziam nenhum tipo de trabalho, pois nesse dia era realizado o sacrifício para conseguir o perdão dos pecados do povo.

Assim, o povo ficava puro na presença de Deus.

"Este é um dia especial e será para sempre um dia em que ninguém comerá nada, nem trabalhará" (Levíticos 16:29-34).

O grande sacerdote era ungido e ordenado para tomar o lugar do pai, vestia as roupas sacerdotais de linho e fazia a cerimônia para purificar o lugar santíssimo, a tenda sagrada, o altar, os sacerdotes e todo o povo.

Essa lei deveria ser obedecida para sempre e uma vez por ano era realizada essa cerimônia para conseguir o perdão dos pecados que todo o povo cometera durante o período de um ano.

Esta cerimônia era conhecida como o dia do perdão.

Porém, no ano 606 a.C., devido à primeira deportação do povo para o cativeiro babilônico, o Senhor entregou Jerusalém para Nabucodonosor interrompendo assim o pacto com Davi, já que não poderia faltar descendestes de Davi no trono de Israel, como anunciado pelo profeta Natã. E como foi predito pelo profeta Jeremias, foi dado o início do cativeiro babilônico, cessados os sacrifícios e as ofertas de manjares, o pacto foi quebrado devido aos pecados do povo de Daniel.

Então o Senhor disse: "Há uma conspiração entre o povo de Judá e os habitantes de Jerusalém. Eles retornaram aos pecados de seus antepassados, que recusaram dar ouvidos às minhas palavras e seguiram outros deuses para prestar-lhes culto. Tanto a comunidade de Israel como a de *Judá quebraram a aliança que eu fiz com os antepassados deles*. Por isso, assim diz o Senhor: Trarei sobre eles uma desgraça da qual não poderão escapar. Ainda que venham a clamar a mim, eu não os ouvirei. Então as cidades de Judá e os habitantes de Jerusalém clamarão aos deuses, aos quais queimam incenso, mas eles não poderão salvá-los quando a desgraça os atingir. Você tem tantos deuses quantas são as suas cidades, ó Judá; e os altares que você construiu para queimar incenso àquela coisa vergonhosa chamada Baal são tantos quantas são as ruas de Jerusalém" (Jeremias 11:9-13).

Grande parte da elite do povo de Jerusalém foi levada para o cativeiro e sem a proteção divina o povo ficou vulnerável, ficando evidente que o Senhor que os protegia os abandonou, da mesma forma com abandonou Jesus, quando disse: "Meu Deus, meu Deus, por que me abandonaste? Por que ficas tão longe? Por que não escutas quando grito pedindo socorro? Meu Deus, durante o dia eu te chamo, mas tu não respondes" (Salmos 22 e Marcos 15:34).

Deus perdoava os pecados do povo por meio das cerimônias, que eram realizadas de ano em ano.

Quando Moisés revelou as instruções sobre holocaustos e outros sacrifícios, ele disse que os pecados do povo seriam perdoados por meio dessas ofertas.

Porém, o livro de Hebreus 10:3-4 indica que esses sacrifícios fazem-se recordação de pecados todos os anos, porque é impossível que o sangue de touros e de bodes remova pecados.

Mas se esses sacrifícios não tiravam os pecados do povo, como o perdão por esses pecados do povo de Daniel seria realizado?

Logo que Daniel acabara de orar, um anjo apareceu a ele e revelou como seria realizada a expiação dos pecados, como seriam cessadas as transgressões que o povo dele cometeu.

O anjo revela a Daniel a vinda do ungido, que faria cessar transgressões do seu povo e as cerimônias de ofertas de manjares que eles realizariam de ano em ano.

A revelação

O anjo revela a Daniel um cálculo matemático de sete anos, ou a cada sete anos, que deverá ser contado a partir de uma data específica da história, o decreto para restaurar e edificar Jerusalém.

O anjo revela a Daniel o seguinte:

"Estando eu, digo, ainda falando na oração, o homem Gabriel, que eu tinha visto na minha visão a princípio, veio, voando rapidamente e tocou-me, à hora do sacrifício da tarde.

Ele me instruiu e falou comigo, dizendo:

Daniel, agora saí para fazer-te entender o sentido.

No princípio das tuas súplicas, saiu a ordem e eu vim, para te declarar, porque és mui amado; considera, pois, a palavra e entende a visão.

Setenta semanas[2] estão determinadas sobre o teu povo e sobre a tua santa cidade, para cessar a transgressão e para dar fim aos pecados e para expiar a iniquidade e trazer a justiça eterna e selar a visão e a profecia e para ungir o Santíssimo.

Sabe e entende:

Desde a saída da ordem para restaurar e para edificar a Jerusalém, até ao Messias, o Príncipe, haverá sete semanas e sessenta e duas semanas; as ruas e o muro se reedificarão, mas em tempos angustiosos.

---

[2] Originalmente "setenta e setes", do hebraico antigo שבעים שבעים *Shavoím shavoím* "setes de setes", e traduzido como 70 semanas.

E depois das sessenta e duas semanas será cortado o Messias, mas não para si; e o povo do príncipe, que há de vir, destruirá a cidade e o santuário e o seu fim será com uma inundação; e até o fim haverá guerra; estão determinadas as assolações.

E ele firmará aliança com muitos por uma semana[3]; e na metade da semana fará cessar o sacrifício e as ofertas de manjares; e sobre a asa das abominações virá o assolador e isso até a consumação; e o que está determinado será derramado sobre o assolador" (Daniel 9: 21-27). Mais adiante entenderemos como isso se confirma com a morte de Jesus através dos seus sacrifícios, mas antes temos que compreender outros aspectos da profecia, e como eles se aplicam matematicamente ao tempo das duas alianças, conforme o contexto da profecia.

Vamos começar por identificar qual decreto se enquadra como sendo o decreto para restaurar e edificar Jerusalém, a partir desse decreto vamos encontrar esses setes.

---

[3] Jesus confirmou a aliança com Abraão na metade da última semana: "Eu, o SENHOR, o chamei para demonstrar a minha justiça. Eu o protegerei e sustentarei. Você vai ser o mediador do novo trato que farei com o meu povo e uma luz para guiar os outros povos até mim. Você dará vista aos cegos e libertará os que vivem prisioneiros na escuridão e no desespero". Isaías 42:6-7. Porque há um só Deus, e um só Mediador entre Deus e os homens, Jesus Cristo homem. (1 Timóteo 2:5). Moisés tomou do sangue e o aspergiu sobre o povo, e proclamou: "Este é o sangue da Aliança que SENHOR fez convosco, por meio de todos esses mandamentos!" Êxodo 24:8. Antiga aliança. "Pois isto é o meu sangue da aliança, derramado em benefício de muitos, para remissão de pecados". Mateus 26:28. Nova aliança relizada por Jesus pouco antes da sua morte.

O decreto de Ciro

O anjo indica o ponto de partida, do começo da contagem das semanas, a cada 7 anos. Levítico 25:8 nos aponta como seriam contadas essas semanas: "contarás sete semanas de anos, sete vezes sete anos, isto é, o tempo de sete semanas de anos, são iguais a 49 anos". Logo, 62 semanas é o mesmo que 62 vezes 7 anos, resultando em 434 anos.

O primeiro conjunto de semanas seria o tempo determinado para a restauração do templo e da cidade santa de Jerusalém; o segundo conjunto de 62 semanas seria para a chegada do Messias; *a última semana da profecia está relacionada com a vinda do Messias, ou do ungido, para realizar a expiação pelos pecados que o povo de Daniel cometeu debaixo da lei mosaica, fazer cessar os sacrifícios e as ofertas de manjares, que eles realizavam diariamente e de ano em ano, estabelecer um pacto com muitos por uma semana, mas na metade da última semana o pacto seria quebrado e o ungido seria cortado ou morto.* Tudo isso em apenas uma única semana.

O ponto de partida da contagem das 70 semanas, ou seja, das 7 primeiras semanas de anos e das 62 semanas, com mais uma semana, seria o decreto para restaurar e edificar Jerusalém.

Foram editados três decretos para restaurar e edificar Jerusalém: de Ciro, datado tradicionalmente do ano 536 a.C., o decreto de Dario primeiro, que governou e reinou de 559 a 530 a.C., e o de Artaxerxes, que reinou de 465 a 425 a.C.

Porém, o decreto de Dario e o de Artarxerxes não são mencionados por nenhum dos antigos profetas, ao contrário do decreto de Ciro, que é citado nas profecias como sendo quem daria a ordem para restaurar e edificar Jerusalém e libertaria os exilados do cativeiro.

Os estudiosos da Bíblia, que enfatizam que Ciro foi o responsável pela reconstrução de Jerusalém após o exílio babilônico de 70 anos, analisaram as profecias de Isaías 44 e 45.

Em Isaías 44:28, o Senhor profetizou sobre Ciro:

"Ele é meu pastor e cumprirá tudo o que me agrada. Digo também de Jerusalém: Será edificada; e do templo: Seus alicerces serão lançados".

Em Isaías 45:13, o Senhor profetizou sobre Ciro: "Eu, na minha justiça, suscitei Ciro e endireitarei todos os seus caminhos. Ele reconstruirá a minha cidade e libertará os meus exilados, não por preço nem por presentes, diz o Senhor dos Exércitos".

Tais comentaristas argumentam que a profecia bíblica se refere a Ciro como aquele que deu a ordem para a reconstrução de Jerusalém e que restauraria os exilados à sua terra natal.

Ambos os elementos de reconstrução e restauração foram mencionados no decreto de Daniel 9:25 e Ciro os cumpriu. Somente Ciro cumpriu a profecia de libertar os cativos da Babilônia. Quanto aos decretos de Artaxerxes e Dario, o povo já tinha sido liberto por Ciro no ano de 536 a.C.

Os defensores de cada uma das interpretações acima concordam que o decreto de Ciro envolveu a reconstrução do templo de Jerusalém e a libertação dos exilados.

Isso é claramente afirmado na proclamação de Ciro, em Esdras 1:2-4.

Nesta passagem, Ciro reconheceu que "O Senhor, Deus dos céus, me encarregou de edificar um templo em Jerusalém".

Como resultado, Ciro ordenou que os exilados subissem para Jerusalém para edificar a casa do Senhor, Deus de Israel, que está em Jerusalém.

"Sendo assim, todo aquele que, dentre vós, pertence ao seu povo, sê livre desde agora e parta para Jerusalém e que o Senhor, seu Deus, esteja com ele!" (2 Crônicas 36:23).

Alguns argumentam que este decreto de Ciro era apenas para a reconstrução do templo e não da cidade, porém o texto de Isaias 44:28 deixa claro construir a cidade de Jerusalém e o templo: "Ele é meu pastor [Ciro] e cumprirá tudo o que me agrada. Digo também de Jerusalém: Será edificada; e do templo: Seus alicerces serão lançados".

Em Isaias 45-13 "Ele [Ciro] reconstruirá a minha cidade e libertará os meus exilados".

Observação: o único que libertou o povo de Jerusalém do exílio na Babilônia foi Ciro, quanto às outras ordem ou decretos de Dario primeiro e de Artaxerxes primeiro, o povo judeu não estava mais em cativeiro.

Logo, o decreto de Dario e o de Artaxerxes não se enquadram na profecia de Isaías 45:13.

Tais profecias apontam claramente o decreto de Ciro como sendo quem editou o decreto para edificar e restaurar Jerusalém e libertou o povo judeu do cativeiro babilônico.

Sendo assim, demonstraremos de forma didática e usando raciocínio lógico como essa profecia se cumpre por meio do decreto de Ciro, que é tradicionalmente datado do ano 536 a.C.[4]

---

[4] Veja mais em: https://cronologiab.blogspot.com/2015/08/o-decreto-de-ciro-1.html.

Os tempos distintos

A profecia refere-se a períodos de tempos distintos para cada finalidade, 49 anos seria o tempo que levaria a reconstrução da cidade e do templo, depois seguiria um período de 434 anos para a vinda do ungido, um total de 483 anos. A última semana da profecia refere-se ao pacto com muitos, por uma semana, devemos levar em consideração a expiação pelos pecados do povo de Daniel realizada por Jesus, ou a primeira aliança, e uma nova aliança, ou um novo pacto que seria firmado com os gentios, aplicando o enunciado da oração de Daniel e a revelação angélica sobre a última semana de 7 anos cortada pela metade. Usando a lógica, concluiremos que a primeira metade da semana corresponde a um período de tempo da primeira aliança e a segunda metade da semana corresponde ao novo pacto. 1260 anos para expiar os pecados do povo de Daniel, a primeira aliança (Hebreus 9:15) *"Por essa razão, Cristo é o mediador de uma nova aliança para que os que são chamados recebam a promessa da herança eterna, visto que ele morreu como resgate pelas transgressões cometidas sob a primeira aliança"*. A primeira aliança foi feita com Abraão por meio do sacrifício de seu filho Isaque, que durou até o começo do cativeiro babilônico, onde foram cessados os sacrifícios e as ofertas de manjares, ou o primeiro pacto, logo a outra metade da semana, corresponde ao mesmo período de tempo de 1260 anos, que foi dada aos gentios que pisariam o átrio da cidade santa de Jerusalém por 42 meses, porém esse período de tempo ainda seria abreviado sem a necessidade de sacrifício nem das ofertas de manjares.

Mais à frente demonstraremos de maneira lógica e didática como se realiza esse cálculo, mas antes vamos continuar com a história.

Temos então a evidência de que a profecia de Isaías foi cumprida por Ciro quando emitiu o decreto para reconstruir Jerusalém e libertou os judeus exilados sob o comando de Zorobabel.

Os estudiosos que sustentam que Ciro editou o decreto de Daniel 9:25 sugerem que a reconstrução de Jerusalém começou na época de Esdras, sob o rei Artaxerxes primeiro, de Esdras 7, quase um século depois.

O início das obras teria sido, então, no ano de 457 a.C. e o término no ano de 408 a.C.

O começo da construção

Levaremos em consideração a data do decreto de Ciro como sendo a ordem para restaurar e edificar Jerusalém, do ano de 536 a.C., também sendo o decreto que nos possibilita descobrir todas as outras profecias relacionadas com o tema. Mais à frente vamos identificar, por meio dos intervalos de tempo entre, tais profecias.

Faremos uma viagem pelo tempo, começando com o pacto de Abraão, apontado na profecia como sendo o ano de 1866 a.C., avançado até início do cativeiro babilônico, ano de 606 a.C., segundo até o período de 70 anos de cativeiro babilônico no ano 536 a.C. com o decreto de Ciro, dando a ordem para restaurar Jerusalém e libertando os exilados, seguindo mais a frente com o começo do tempo de angústia, ou da grande tribulação, registrada no livro de Daniel 12:1, e Mateus 24:21, tribulações que estavam determinadas que iriam acontecer depois da destruição do segundo templo, até o fim haveria guerras e desolações, haveriam de acontecer antes do fim, "E, certamente, ouvireis falar de guerras e rumores de guerras; vede, não vos assusteis, porque é necessário assim acontecer, mas ainda não é o fim" (Mateus 24:6), bem como a duração do tempo de abominação que causou desolação de Jerusalém, ou seja, dos 1290 dias e dos 1335 dias descritos no livro de Daniel 12:11-12, e quando começaria a purificação do santuário ou o começo das 2300 tardes e manhãs, descritas no livro de Daniel 8:13-14. Tudo em uma ordem cronológica de forma racional e bem definida, iremos observar durante toda a história secular o desenrolar destas profecias. Deste o pacto de Abraão até as 2300 tardes e manhãs. Desde o princípio Deus tem anunciado o fim. "Lembrai-vos das coisas passadas desde a antiguidade; que eu sou Deus, e não há outro Deus, não há outro semelhante a mim. Que anuncio o fim desde o princípio, e desde a antiguidade as coisas que ainda não sucederam; que digo: O meu conselho será firme, e farei toda a minha vontade" (Isaias 47:9-10).

O cálculo

A ordem foi dada por Ciro no ano 536 a.C., com o início da construção no ano 457, então passaríamos a contar um total de 7 semanas de anos, ou seja, 49 anos seria o tempo total de reconstrução, chegando ao ano de 408 (457 – 49 anos = 408). A partir daí calcular-se-ia mais 62 semanas de anos, ou seja, 62 x 7 = 434 anos para a chegada do Messias, chegando ao ano 26 d.C. (408 – 434 anos = ano 26 d.C.), um total de 69 semanas, faltando apenas a última semana das 70 semanas de Daniel.

Morto pelos pecados do povo de Daniel

Nesta última semana, os cálculos precisam levar em conta os pecados cometidos pelo povo de Daniel durante a primeira aliança, quando ela ainda estava em vigor *"É por isso que Cristo é o mediador de uma nova aliança (ou testamento); porque tendo morrido para redimir as pessoas da culpa dos pecados, cometidos sob a primeira aliança, faz agora com que todos aqueles que são chamados possam entrar na posse dos bens eternos que lhes foram prometidos"* (Hebreus 9:15), os pecados cometidos durante este período de tempo específico teriam que ser perdoado em resposta a oração de Daniel, o ungido faria isto durante a última semana da profecia, Já que até a sua chegada já teriam se passado um total de 483 anos, ou 69 setes, e ele realizaria a expiação dos pecados cometidos pelo povo de Daniel durante a primeira aliança, faria cessar os sacrifícios e as ofertas de manjares, que eram realizados de acordo com a lei Mosaica. Dessa forma, Jesus seria o mediador entre um pacto e outro, a profecia indica um período de tempo de uma única semana, mais na metade desta última semana o pacto seria cortado. Para compreendermos bem como isso foi possível em tão pouco tempo, necessitamos analisar todo o contexto da profecia, o porquê de o pacto ter sido cortado na metade da semana e a necessidade de um novo pacto, portanto, utilizaremos o método histórico, genealógico, matemático e profético para colaborar com essas profecias.

Mais que pactos são estes? De que se trata tudo isso?

Nas escrituras temos dois pactos, conhecidos como alianças, um com os Israelitas e outra aliança com os gentios. O pacto com os Israelitas foi totalmente profanado, quebrado e não cumprido. Deus providenciou um resgate destes pecados que eles cometeram através do sacrifício de Jesus.

Existem muitas profecias, registradas nas Escrituras Sagradas, sobre como seria o ungido, por exemplo: "Pois um menino nos nasceu, um filho nos foi dado.

O governo estará sobre seus ombros e ele será chamado de maravilhoso, conselheiro, Deus poderoso, pai eterno e príncipe da paz.

Seu governo e sua paz jamais terão fim.

Reinará com imparcialidade e justiça no trono de Davi, para todo o sempre.

O zelo do Senhor dos Exércitos fará que isso aconteça!" (Isaías 9:6-7).

Essas profecias continuam para se cumprirem no futuro.

"Pois falarei com vocês por meio de provérbios e explicarei os segredos do passado" (Salmos 72:2).

Jesus, descendente de Davi.

"Quanto a você, a sua casa e o seu reino serão firmados para sempre diante de mim; o seu trono será estabelecido para sempre" (2 Samuel 7:16).

"Alegre-se muito, cidade de Sião! Exulte, Jerusalém! Eis que o seu rei vem a você, justo e vitorioso, humilde e montado num jumento, um jumentinho, cria de jumenta" (Zacarias 9:9).

"*Ele foi oprimido e afligido, contudo* não abriu a sua boca; *como um cordeiro foi levado para o matadouro e como uma ovelha que diante de seus tosquiadores fica calada, ele não abriu a sua boca.*

Com julgamento opressivo, ele foi "levado".

E quem pode falar dos seus descendentes? Pois ele foi eliminado da terra dos viventes e, devido à transgressão do meu povo, ele foi golpeado" (Isaías 53:7-8). Povo de Isaías povo de Daniel.

Essa profecia e muitas outras escritas pelos antigos profetas já se cumpriram em sua maioria em Jesus Cristo, e muitas outras se cumprirão no futuro. Logo, podemos dizer que Jesus foi ungido por Deus para cumprir o propósito da profecia de Daniel, do capítulo nove. E muitas outras profecias registradas pelos antigos profetas.

O único personagem da história que foi morto **devido às transgressões do seu povo**, ou seja, do povo de Daniel e da cidade santa de Jerusalém.

Esse aspecto da profecia deve ser observado, ela só pode ser aplicada aos pecados do povo de Daniel, pecados cometidos durante o **primeiro pacto,** mesmo porque os outros povos ou os gentios não estavam debaixo da lei de Moisés e não realizavam sacrifício nem ofertas de manjares ao Deus de Israel. Agora precisamos saber uma regra importante para aplicarmos a profecia.

Para cada ano de pecado, um dia foi determinado

Observamos agora um padrão sobre como acontece a expiação pelos pecados.

O primeiro está registrado no livro de Números 14:34.

"Quando os espias estiveram 40 dias na terra, que vos ia dar, levarão 40 anos a vaguear pelo deserto; levarão um ano por cada dia, o peso da culpa dos vossos pecados.

Assim vos ensinarei o que significa rejeitarem-me.

Eu, o Senhor, falei.

Cada um dos que conspirou contra mim morrerá nesta terra deserta".

Devido ao pecado de 40 dias, eles ficaram vagando 40 anos no deserto. Para cada dia de pecado foi determinado um ano no deserto.

O segundo parâmetro é o do dia da expiação pelos pecados, realizado uma vez por ano, agora investe-se para cada ano de pecado, em um único dia se realiza a cerimônia de expiação pelos pecados de todo o povo de Jerusalém.

Novamente temos o livro de Ezequiel 4:4-7:

"Tu também deita-te sobre o teu lado esquerdo e põe a iniquidade da casa de Israel sobre ele; conforme o número dos dias que te deitares sobre ele, levarás as suas iniquidades.

Porque eu já te tenho fixado os anos da sua iniquidade, conforme o número dos dias, trezentos e noventa dias; e levarás a iniquidade da casa de Israel".

Logo, podemos concluir que a iniquidade da casa de Israel foi de 390 anos.

"E, quando tiveres cumprido estes dias, tornar-te-ás a deitar sobre o teu lado direito e levarás a iniquidade da casa de Judá quarenta dias; *um dia te dei para cada ano*". De iniquidade ou de pecado.

A iniquidade da casa de Judá foi de 40 anos.

"Dirigirás, pois, o teu rosto para o cerco de Jerusalém, com o teu braço descoberto e profetizarás contra ela". Desta forma, seria expiado os pecados do povo de Jerusalém (Ezequiel 4:7).

Estes pecados somados tem um total de 430 anos, referentes aos pecados cometidos antes da lei dada a Moisés.

A lei dada a Moisés não anularia a promessa feita a Abraão.

"É isto que quero dizer: a lei, que veio 430 anos depois da promessa feita a Abraão, não pode anular a aliança que Deus estabeleceu com Abraão, pois nesse caso a promessa seria quebrada. Portanto, se a herança pudesse ser recebida pela obediência à lei, ela não viria pela aceitação da promessa. No entanto, Deus, em sua bondade, a concedeu a Abraão como promessa. Qual era, então, o propósito da lei? Ela foi acrescentada a promessa para mostrar às pessoas seus pecados. Mas a lei deveria durar apenas até a vinda do descendente prometido. Por meio de anjos, a lei foi entregue a um mediador" (Gálatas 3:17-19).

"Sem o derramamento de sangue não há perdão dos pecados", diz a Epístola aos Hebreus 9:22[5].

---

[5] Na profecia do livro de Ezequiel (capítulo 4:4-7) não haveria a necessidade de derramamento de sangue para a expiação pelos pecados cometidos antes da lei.

Raciocínio lógico

Logo, podemos determinar que os dias da expiação pelos pecados do povo de Jerusalém são a referência para o número de anos dos pecados cometidos pelo povo de Jerusalém. Ou, ao contrário, os anos dos pecados cometidos pelo povo de Jerusalém são referência do número de dias para se levar à iniquidade. *"Um dia te dei para cada ano de iniquidade".*

Este é um cálculo a ser feito, para descobrimos quanto tempo durou a aliança Abraâmica. Quando ela começou e quando ela terminou.

Sabemos que quem realizou a expiação pelos pecados do povo de Daniel foi Jesus, também sabemos a quantidade de tempo, no caso metade de uma semana de 7 anos.

Quantos dias temos em metade de uma semana de 7 anos? Vamos calcular!

Um ano judaico corresponde a um período de 360 dias, logo, três anos e meio, ou metade de uma semana de 7 anos, corresponde a um período de 1260 dias (360 x 3,5 = 1260 dias), período referente ao batismo de Jesus, no rio Jordão, até o dia de sua morte. Metade de uma semana de 7 anos são igual a um período de 1260 dias.

Se para cada ano de pecado que o povo de Jerusalém cometeu seria expiado por um dia, logo podemos concluir por lógica, que o número de anos de pecados do povo de Daniel foi de 1260 anos, expiados por Jesus em 1260 dias. Agora que sabemos quantos anos foram os pecados que deveriam ser expiados, podemos localizar no espaço e no tempo a primeira metade da semana, quando a aliança Abraâmica ainda estava em vigor, como citado em Hebreus 9:15 e todo o contexto da oração de Daniel, expiação pelos pecados do povo de Daniel e da cidade santa de Jerusalém.

A partir de agora, faremos outro cálculo bem simples, utilizando a data do decreto de Ciro, do ano de 536 a.C., decreto apontado pela profecia de Isaias como sendo o de Ciro que reconstruiria a cidade e o templo e libertaria os exilados.

Então, faremos uma viagem para o passado retrocedendo um total de 70 anos, referente à profecia dos 70 anos de cativeiro babilônico, chegaremos ao ano de 606 a.C. (536 + 70 = 606). Agora que sabemos que os pecados do povo de Daniel foram de 1260 anos é só retrocedermos o número de anos desses pecados para chegarmos ao ano do pacto com Abraão, no mesmo ano em que Deus pede o sacrifício de Isaque. *"Um nascimento especial".*

O ano do início do cativeiro babilônico foi o ano de 606 a.C. marcando o fim do pacto com os Israelitas, retrocedendo o intervalo de tempo de 1260 anos, chegaremos ao ano de 1866 a.C. (606 + 1260 = 1866 a.C.), ano do pacto com Abraão.

Agora vamos harmonizar ou colaborar este tema com as cronologias registrada nas escrituras através das genealogias bíblicas feitas por estudiosos, independente deste livro. Vamos apresentar duas cronologias.

Será que os cálculos fecham? Vamos ver!

A cronologia confirma a profecia

A partir desse ponto de raciocínio, devemos observar a cronologia e os fatos bíblicos registrados na história secular.

James Ussher, baseando-se na Bíblia, escreveu o livro *The Annals of the World*, em 1658 d.C.

Nesse livro, Ussher fez uma cronologia da vida na Terra baseada em estudos bíblicos e de outras fontes, de tal maneira que concluiu que a criação do mundo ocorreu no dia 23 de outubro do ano 4004 a.C., pelo calendário juliano. Segundo sua cronologia, o dilúvio teria acontecido em 2348 a.C., o nascimento de Abraão estaria datado em 1996 a.C., e o nascimento de Isaque 1896 a.C.

Na época, a afirmação foi amplamente aceita.

A cronologia de Ussher representou um feito considerável de erudição: exigiu grande profundidade de aprendizado no que era então conhecido da história antiga, incluindo a ascensão dos persas, gregos e romanos, bem como conhecimento da Bíblia, línguas bíblicas, astronomia, calendários antigos e cronologia.

O relato de Ussher, de eventos históricos, para os quais ele tinha várias fontes além da Bíblia, geralmente está conforme as fontes modernas.

A partir do século XIX, a cronologia de Ussher passou a sofrer críticas crescentes, de defensores do uniformitarismo, que argumentam que a "Terra Jovem" de Ussher era incompatível com a visão cada vez mais aceita de uma Terra muito mais antiga.

Tornou-se geralmente aceito que a Terra tinha milhões, depois bilhões de anos.

Ussher também caiu em descrédito entre os teólogos; em 1890, o professor de Princeton, William Henry Green, escreveu um artigo muito influente na Biblioteca Sacra intitulado "Cronologia Primitiva", no qual criticava fortemente Ussher.

Ele mencionou: "Concluímos que as Escrituras não fornecem dados para um cálculo cronológico anterior à vida de Abraão e que os registros mosaicos não fixam e não pretendem fixar a data precisa do dilúvio ou da criação do mundo".

O teólogo, igualmente conservador, B. B. Warfield chegou à mesma conclusão em "Sobre a Antiguidade e Unidade da Raça Humana", comentando que "é precário no mais alto grau tirar inferências cronológicas de tabelas genealógicas".

Porém, como citado, a cronologia de Ussher nos fornece dados cronológicos bem definidos posteriores em relação ao patriarca Abraão, exatamente o que necessitamos para checarmos essas datas registradas na cronologia.

Vejamos os seguintes dados cronológicos:

- dia em que Deus criou Adão foi em 4004 a.C.;
- nascimento de Isque no ano de 1896 a.C.;
- sacrifício de Isaque ou pacto com Abraão 1866 a.C.?
- morte de Sara, mãe de Isaque, 1860 a.C.

Note que o ano do sacrifício de Isaque está entre as datas da cronologia e poderia ser datado com sendo o ano de 1866 a.C. sem maiores problemas, mais para melhor conclusão, vamos ajustar estas datas com a provável idade de Isaque por ocasião do pacto Abraâmico, que seria 30 anos de idade.

Na bíblia, a idade de 30 anos é mencionada em relação a Jesus, Davi e a um grupo de homens da tribo de Levi:

Segundo Samuel 5:4-5, Davi tinha 30 anos quando começou a reinar. Davi reinou por 40 anos, sendo 7 anos e 6 meses sobre Judá e 33 anos sobre todo o Israel.

Em Números 4:3 diz que para exercer algum encargo na tenda do encontro, era necessário ter a idade mínima de 30 anos e 50 anos no máximo.

Os sacerdotes entravam para o ministério das coisas sagradas com 30 anos de idade.

Portanto, não há de se admirar que Isaque teria 30 anos por ocasião do pacto com Abraão.

De acordo com os textos de Gênesis, Sara, mãe de Isaque, deu luz aos 91 anos e morreu aos 127 anos, portanto, Isaac teria menos de 36 anos de idade na época da viagem de três dias até o monte do sacrifício.

Jesus por ocasião do seu batismo tinha 30 anos de idade.

Veja a seguir:

1896	2108	Nasce Isaac. Tinha Abraão 100 anos (Gn 21:5), Sara 90 (Gn 17:17).
1891	2113	Isaac desmamado aos 5 anos. Abraão dá um grande banquete (Gn 21:8). Isaac torna-se então oficialmente herdeiro e semente de Abraão (Gn 21.12). Ismael é rejeitado como herdeiro. Gn 15:13 - Deus dissera a Abrão que a sua posteridade será peregrina em terra alheia, reduzida à escravidão e afligida, por 400 anos (Gn 15:13; At 7:6). A partir daqui contam-se 400 anos. Os 430 anos (Gl 3:17) incluem os anos de peregrinação de Abraão a partir da promessa: a lei veio 430 anos depois.
	?	Sacrifício de Isaac (Gn 22).
1878	2126	Morte de Sela. Sela viveu 433 anos (Gn 11:14-15)
1860	2145	Morte de Sara. Idade: 127 anos. Morreu em Quiriate-Arba, Hebron (Gn 23:1

O espírito da profecia e o testemunho de Jesus

O livro de Apocalipse 19:10-11 nos sugere que o espírito da profecia é o testemunho que temos de Jesus. "E eu lancei-me a seus pés para o adorar, mas ele disse-me:

'Olha, não faças tal; sou teu conservo e de teus irmãos, que têm o testemunho de Jesus'.

Adora a Deus; porque o testemunho de Jesus é o espírito de profecia".

Quando observamos a vida de Jesus, descrita no que chamamos de Novo Testamento, e aplicamos a profecia ao "testemunho de Jesus", isso se cumpre fielmente, por exemplo: Qual seria a idade de Isaque por ocasião do pacto com Abraão?

Temos no testemunho da vida de Jesus, registrado nas Escrituras, que por ocasião do seu batismo, ele teria cerca de 30 anos.

"E o Espírito Santo desceu sobre ele em forma corpórea como pomba; e ouviu-se uma voz do céu.

Tu és o meu Filho amado, em ti me comprazo.

Ora, Jesus tinha cerca de trinta anos quando começou o seu ministério.

Era como se cuidava, filho de José, filho de Eli" (Lucas 3:22-23).

Se observarmos a cronologia, o nascimento de Isaque é datado do ano de 1896 a.C.

Se aplicamos o intervalo de tempo entre o nascimento de Isaque, no ano de 1896, a.C., com a data que seria a data do pacto com Abraão, apontado pela profecia como sendo o ano de 1866 a.C., Isaque teria a mesma idade de Jesus pela ocasião do seu batismo no rio Jordão, 30 anos.

1896	2108	Nasce Isaac. Tinha Abraão 100 anos (Gn 21:5), Sara 90 (Gn 17:17).
1891	2113	Isaac desmamado aos 5 anos. Abraão dá um grande banquete (Gn 21:8). Isaa torna-se então oficialmente herdeiro e semente de Abraão (Gn 21.12). Ismae é rejeitado como herdeiro. Gn 15:13 - Deus dissera a Abrão que a sua posteridade será peregrina em terra alheia, reduzida à escravidão e afligida, por 400 anos (Gn 15:13; At 7:6). A partir daqui contam-se 400 anos. Os 430 anos (Gl 3:17) incluem os anos de peregrinação de Abraão a partir da promessa: a lei veio 430 anos depois.

Intervalo de tempo de 30 anos (1896 - 30 = 1866)

1896 a.C. ------------------------------------ 1866 a.C.

Nascimento de Isaque 1896 a.C. Sacrifício de Isaque 1866 a.C. o que seria a morte de Isaque.

Intervalo de tempo de 1260 anos

Vigência a primeira aliança Hebreus 9:15

1866 a.C. ------------------------------------ 606 a.C.

Início do pacto ------------------------- Fim do pacto

Vinda do ungido ------------------ Morte do ungido

Logo podemos entender que o batismo de Jesus representa o início do pacto com Abraão, a morte de Jesus representa o fim do pacto.

Observamos outros paralelos de Jesus com o que aconteceu com o povo de Israel e sua vida.

Quarenta anos foi o tempo que o povo de Israel esteve no deserto, após a saída do Egito, e esperavam o momento de tomar posse da terra prometida, chamada Canaã.

Durante 40 anos Deus alimentou seu povo no deserto e fazia cair diariamente o pão do céu, que os sustentou durante a peregrinação.

Após o batismo de Jesus, ele jejuou durante 40 dias e 40 noites e, depois disso, teve fome.

Jesus foi então conduzido pelo espírito ao deserto, para ser tentado pelo diabo (dragão).

O tentador aproximou-se dele e disse: "Se tu és o Filho de Deus, manda que estas pedras se tornem em pães" (Mateus 4:1-2).

Jesus, diferentemente do povo que se queixava no deserto, mesmo podendo transformar uma pedra em pão, resistiu às tentações do diabo e respondeu:

"Está escrito: Nem só de pão viverá o homem, mas de toda a palavra que sai da boca de Deus" (Mateus 4:4).

Podemos, novamente, observar o padrão de 40 anos no deserto por 40 dias no deserto, para cada ano um dia.

Jesus foi novamente tentado pelo diabo.

"Então o diabo o transportou à cidade santa e colocou-o sobre o pináculo do templo e disse-lhe:

Se tu és o Filho de Deus, lança-te daqui abaixo, porque está escrito: Que aos seus anjos dará ordens a teu respeito e tomar-te-ão nas mãos, para que nunca tropeces com o teu pé em alguma pedra

Disse-lhe Jesus: Também está escrito: Não tentarás o Senhor teu Deus.

Novamente o diabo o transportou a um monte muito alto; e mostrou-lhe todos os reinos do mundo e a glória deles.

E disse-lhe: Tudo isto te darei se, prostrado, me adorares.

Então disse-lhe Jesus: Vai-te, Satanás, porque está escrito: Ao Senhor teu Deus adorarás e só a ele servirás

Então o diabo o deixou; e eis que chegaram os anjos e o serviam". (Mateus 4:6-10).

Diferentemente do povo de Daniel, Jesus não cometeu erros, ou melhor, os pecados que eles cometeram. Jesus não blasfemou contra Deus e nunca realizou um ato de adoração a nenhum outro Deus ou objeto que não fosse o Deus de Israel.

Assim sendo, Jesus está sendo provado e aprovado e passando por toda a dificuldade que o povo de Daniel passou, porém sem cometer os pecados que eles cometeram. Durante um período de 1260 dias isso aconteceu a Jesus, ele foi perseguido pelo dragão e provado até a sua morte, sem pecar.

Desta forma, assim como a profecia indica, todos os pecados do povo de Daniel foram expiados e esses pecados foram cometidos durante a primeira metade da semana, ou durante a vigência do pacto com Abraão, como apontado por Hebreus 9:15 que, como vimos, compreende o período do ano de 1866 a.C., a data do começo do cativeiro babilônico, no ano de 606 a.C., com o intervalo de tempo entre as datas de 1260 anos.

Jesus foi morto na metade de uma semana de 1260 dias, assim como Jerusalém caiu, ou foi cortada, ou para o cativeiro, na metade de uma semana de 1260 anos.

Logo, podemos observar tempos sobrepostos.

Jesus – Primeira aliança
Pecados expiados por Jesus em 1260 dias.
Do ano 26 d.C. ao ano 29 d.C.: 3,5 anos.

Jerusalém – Primeira aliança

Pecados cometidos pelo povo de Daniel em 1260 anos.

Jerusalém do ano de 1866 a.C. ao ano de 606 a.C.

3,5 tempos.

A palavra tempos pode estar relacionada a dias, meses ou anos,

1260 dias, 1260 meses ou 1260 anos.

Cumprindo a antiga aliança

Alguns textos do Novo Testamento apoiam essa ideia, por exemplo, Lucas 16:16-17 nos mostra que: "A Lei e os profetas profetizaram até João.

Desde então, o reino de Deus tem sido pregado e todos tentam entrar nele forçosamente".

Assim que Jesus é batizado por João Batista, no rio Jordão, inicia-se a última semana da profecia, ele começa a cumprir a lei. Cada dia da vida de Jesus representa um ano do pacto com Abraão.

"É mais fácil os céus e a terra desaparecerem do que cair da lei o menor traço" (Lucas 16:17).

Com o batismo de Jesus no rio Jordão por João Batista, Jesus começa a cumprir a lei dos profetas. Primeira aliança.

"Não cuideis que vim destruir a lei ou os profetas: não vim destruir, mas cumprir.

Porque em verdade vos digo que, até que o céu e a terra passem, nem um jota ou um til jamais passará da lei, sem que tudo seja cumprido" (Mateus 5:17).

Com sua morte, ele fez cessar os sacrifícios e as ofertas de manjares, apagou o manuscrito que os conduziram à morte.

"Porque o fim da lei é Cristo, para justiça de todo aquele que crê" (Romanos 10:4).

O Senhor predissera que com o tempo substituiria o pacto da lei por um novo pacto que permitiria que o pecado fosse perdoado completamente, o que era impossível sob a lei.

"Pois este é o pacto que farei com a casa de Israel depois daqueles dias, diz o Senhor.

Porei a minha lei no seu íntimo e a escreverei no seu coração.

E eu me tornarei o seu Deus e eles se tornarão o meu povo.

Gentios que não faziam parte do povo de Deus agora entrarão pela nova aliança.

Eles não ensinarão mais cada um ao seu próximo e cada um ao seu irmão, dizendo 'Conheçam ao Senhor!'.

Porque todos eles me conhecerão, desde o menor até o maior, diz o Senhor.

Pois perdoarei o seu erro e não me lembrarei mais do seu pecado.

O pacto mais antigo, o pacto da lei, precisava primeiro ser tirado do caminho, como tendo cumprido o seu objetivo.

Por que, então, a lei?

Ela foi acrescentada para tornar conhecidas as transgressões, até que chegasse o descendente a quem a promessa (feita a Abraão) havia sido feita; e ela foi transmitida por meio de anjos, pela mão de um mediador.

A Lei, portanto, tornou-se o nosso tutor, conduzindo a Cristo, para que fôssemos declarados justos por meio da fé.

Mas, agora que chegou a fé, não estamos mais debaixo de um tutor" (Gálatas 3:19-24-25).

Não estamos mais debaixo da lei.

O apóstolo Paulo escreveu: "Deus perdoou bondosamente todas as nossas falhas e apagou o documento manuscrito que era contra nós, que consistia em decretos e que estava em oposição a nós; e ele o tirou do caminho por pregá-lo na cruz" (Colossenses 2:13-14).

É lógico que Paulo estava se referindo à lei de Moisés.

A conclusão mais óbvia é que Jesus, em um período de 1260 dias, realizou a obra de cumprimento da lei, que foi dada por intermédio dos profetas; os pecados expiados por Jesus foram os pecados cometidos pelo povo de Daniel, durante um período da primeira aliança equivalente a 1260 anos, assim como citado em Hebreus 9-15.

O primeiro pacto foi estabelecido mediante Isaque, no ano de 1866 a.C., e, após um período de 1260 anos de pecado, porque todos os que estavam debaixo da lei pecaram, o único que nasceu debaixo da lei e cumpriu a lei foi Jesus. "Pois todos pecaram e estão destituídos da glória de Deus, sendo justificados gratuitamente por sua graça, por meio da redenção que há em Cristo Jesus. Deus o ofereceu como sacrifício para expiação pelo seu sangue, para ser recebido pela fé, de forma a demonstrar sua justiça. Isto porque, na sua tolerância, *deixou impunes os pecados anteriormente cometidos*" (Romanos 3:23-25).

"Da mesma forma, nós, quando éramos menores, estávamos debaixo de um sistema que nos escravizava aos princípios básicos deste mundo.

Todavia, quando chegou a plenitude dos tempos, Deus enviou seu Filho, nascido de mulher, nascido também debaixo da autoridade da lei, *para resgatar os que estavam subjugados pela lei,* a fim de que recebêssemos a adoção de filhos" (Gálatas 4:5-5).

Outro aspecto dessa profecia que devemos observar é que os povos gentios não estavam debaixo da lei de Moisés, eles não realizavam cerimônias pelo perdão dos pecados, não realizavam sacrifícios nem oferta de manjares, portanto, a primeira metade da semana da profecia não se aplica a eles.

Porém, com o fim da lei, todos fomos beneficiados, tanto os judeus quanto os gentios, com a nova aliança.

"Portanto, ninguém será declarado justo diante dele, confiando na obediência à lei, pois é precisamente por meio da lei que chegamos à irrefutável conclusão de que somos todos pecadores" (Romanos 3:20).

A nova aliança

Justificados pela fé em Jesus.
Hebreus 8:7-12: "Se a primeira aliança fosse perfeita, não teria havido necessidade de outra para substituí-la. Uma nova aliança.

Mas, quando Deus viu que seu povo era culpado, disse.

Está chegando o dia, diz o Senhor, em que farei uma nova aliança com o povo de Israel e de Judá.

Não será como a aliança que fiz com seus antepassados, quando os tomei pela mão e os conduzi para fora da terra do Egito.

Eles não permaneceram fiéis à minha aliança, por isso lhes dei as costas, diz o Senhor.

E esta é a nova aliança que farei com o povo de Israel depois daqueles dias, diz o Senhor:

Porei minhas leis em sua mente e as escreverei em seu coração.

Serei o seu Deus e eles serão o meu povo.

E não será necessário ensinarem a seus vizinhos e a seus parentes, dizendo:

Você precisa conhecer o Senhor.

Pois todos, desde o mais humilde até o mais importante, me conhecerão.

E eu perdoarei sua maldade e nunca mais me lembrarei de seus pecados".

Em Romanos 10:12, diz-se que não há diferença entre judeus e gentios, pois todos têm o mesmo Senhor: "Porquanto não há diferença entre judeu e grego; porque um mesmo é o Senhor de todos, rico para com todos os que o invocam".

Em Gálatas 3:26-28, diz-se que não há mais judeu nem gentio, pois todos são um em Cristo Jesus: "Porque todos sois filhos de Deus pela fé em Cristo Jesus.

Porque todos quantos fostes batizados em Cristo já vos revestistes de Cristo.

Nisto não há judeu nem grego; não há servo nem livre; não há macho nem fêmea; porque todos vós sois um em Cristo Jesus".

Em Efésios 2:15, diz-se que o sangue de Cristo derrubou o muro espiritual que separava judeus e gentios, unificando-os em "um novo homem": "Na sua carne desfez a inimizade, isto é, a lei dos mandamentos, que consistia em ordenanças, para criar em si mesmo dos dois um novo homem, fazendo a paz, e pela cruz reconciliar ambos com Deus em um corpo, matando com ela as inimizades".

Logo, podemos concluir que a lei era o que separava os judeus dos gentios, com o fim da lei não há mais separação entre judeus com os gentios, e com se os judeus sem a lei fossem declarados gentios. Teriam que reconhecer o sacrifício de Jesus pelo perdão de seus pecados assim com os gentios.

Ninguém pode ser declarado justo através da lei, nem judeus e nem os gentios e sim pela fé em Jesus Cristo. Agora podemos entender bem o que querem dizer estes textos.

Agora, de maneira didática e com raciocínio lógico, encontramos a primeira metade da semana da profecia de Daniel capítulo nove, que está deslocada no espaço e no tempo, no passado, antes do começo do cativeiro babilônico e depois do pacto com Abraão. Necessitamos também, de maneira lógica e didática, localizarmos no espaço e no tempo a outra metade da semana, afinal a profecia indica que Jesus faria um pacto com muitos por uma semana, ou seja, pelo antigo pacto, que ele cumpriu, e pelo novo pacto, sem a necessidade de sacrifícios nem ofertas de manjares.

A restauração do reino de Israel

> Aqueles, pois, que se haviam reunido perguntaram-lhe, dizendo:
> Senhor, restaurarás tu neste tempo o reino a Israel?
> E disse-lhes:
> Não vos pertence saber os tempos ou as estações que o Pai estabeleceu pelo seu próprio poder.
> Mas recebereis a virtude do Espírito Santo, que há de vir sobre vós; e ser-me-eis testemunhas, tanto em Jerusalém como em toda a Judeia e Samaria e até os confins da terra".

No livro de Atos dos apóstolos 1:6-8, observamos que o reino de Jerusalém não foi restaurado após a morte e ressurreição de Jesus, na verdade, Jerusalém, que tinha sido reconstruída, seria novamente destruída no ano 70 d.C., assim como Jesus predisse, que não ficaria ali pedra sobre pedra sem ser derrubada.

Refutando o período de 490 anos

Logo, podemos concluir que a restauração do reino de Jerusalém, que seria um reino eterno que jamais seria destruído, ainda se daria em um futuro. Muitos acreditam que essa profecia teria um total de 490 anos, multiplicando 70 x 7, dando um total de 490 anos. Se fosse dessa forma, o reino de Jerusalém já deveria ter sido reestabelecido, após os três anos e meio da morte de Cristo, por volta do ano 33 ou 34 d.C., e não poderia ter sido destruído no ano 70 d.C., por se tratar de um reino que nunca seria destruído, "Reino eterno". Jesus teria assumido o seu reino neste período de tempo, como os judeus da época queriam que ele fosse declarado rei dos judeus.

"Vendo, pois, aqueles homens o milagre que Jesus tinha feito, diziam: Este é verdadeiramente o profeta que devia vir ao mundo.

Sabendo, pois, Jesus que haviam de vir arrebatá-lo, para o fazerem rei, tornou a retirar-se, ele só, para o monte" (João 6: 14-15).

Refutando o anticristo

Outros ainda dizem que na última semana quem faria um acordo com muitos seria um anticristo e que esse acordo com muitos seria por uma semana de 7 anos, o que seria o equivalente a um período de tempo de 2520 dias, justamente na última semana da profecia, o que implicaria o fato de essa última semana ainda estar em aberto, ou seja, os pecados do povo de Daniel ainda não teriam sido expiados por Jesus e ainda seriam expiados por outra pessoa, no final dos tempos. O novo pacto, ou pacto com os gentios, também ficaria comprometido e seria tirado de Jesus, que realizou o sacrifício pelo perdão dos pecados, e dado ao anticristo. Toda a profecia estaria comprometida.

Outros ainda acreditam haver um hiato de tempo indeterminado entre a sexagésima nova semana e a última semana da profecia, porém a profecia não indica uma pausa de tempo, sendo assim uma contagem ininterrupta do tempo determinado por ela. Porém observaremos que essa última semana da profecia deve ser contada levando em consideração a oração de Daniel e o pedido que ele faz sobre o perdão dos pecados do seu povo, ou do povo de Jerusalém, mesmo porque os povos gentios nunca realizaram sacrifícios nem oferta de manjares ao Deus de Israel. Se eles quisessem participar dos costumes dos israelitas teriam que cumprir a lei.

Mesmo se houvesse esse hiato de tempo, a profecia toda estaria comprometida, os pecados do povo de Daniel ainda não teriam sido expiados por Jesus, a lei e os profetas ainda estariam em vigor. Ainda que esses pecados não seriam expiados por Jesus e sim pelo tal anticristo no final da última semana, que ainda não teria sequer começado, o pacto com os gentios também ficaria totalmente comprometido. A última semana da profecia ainda estaria em aberto, pendente, não finalizada.

Sendo assim, vamos continuar com a história para entendermos melhor como isso é possível.

A última semana da profecia já foi cumprida por Jesus e nos aponta para as duas alianças, o pacto com Abraão e o pacto com os gentios.

Direito legal: afastados da presença de Deus

Como vimos até agora, quem tem o direito legal de governar em Jerusalém são os descendentes de Davi, devido à promessa feita a ele, revelada pelo profeta Natã, de que não faltaria descendente de Davi no trono de Jerusalém.

A partir do ano 606 a.C., Jerusalém começou a ser pisada pelas nações. Jerusalém seria pisada pelas nações até que se completasse a plenitude dos gentios.

Romanos 11:24-31.

Observe a cronologia:

609	3395	1º ano de JEOAQUIM
607	3397	3º ano de Jeoaquim. Nabucodonosor sitia Jerusalém (9º mês?). Daniel levado para Bablónia (Dn 1:1). Início dos 70 anos de cativeiro.
606	3398	4º ano de Jeoaquim. Faraó Neco derrotado em Carquemis junto ao Eufrates (Jr 46:1-2).

O quarto ano de Jeoaquim e o primeiro ano de Nabucodonosor:

- 1° ano de Jeoaquim 609 AC;
- 2° ano de Jeoaquim 608 AC;
- 3° ano de Joaquim 607 AC;
- 4° ano de Joaquim 606 AC.

No quarto ano de Jeoaquim, filho de Josias, rei de Judá, no primeiro ano de Nabucodonosor, rei da Babilônia, esta palavra veio a Jeremias a respeito de todo o povo de Judá: e o profeta Jeremias proclamou-a em toda a terra de Judá e a todos os habitantes de Jerusalém, profetizando em Jeremias 25:1-2.

"Nos seus dias, subiu Nabucodonosor, rei de Babilônia, e Jeoaquim ficou três anos seu servo; depois se virou e se rebelou contra ele.

E o Senhor enviou contra ele as tropas dos caldeus, as tropas dos sírios, as tropas dos moabitas e as tropas dos filhos de Amom; e as enviou contra Judá, para o destruir, conforme a palavra do Senhor, que falara pelo ministério de seus servos, os profetas.

Foi, na verdade, conforme o mandato do Senhor, assim sucedeu a Judá, para o afastar da sua presença devido aos pecados de Manassés, conforme tudo quanto fizera.

Como também devido ao sangue inocente que derramou; pois encheu a Jerusalém de sangue inocente; e por isso o Senhor não quis perdoar" (2 Reis 24:1-4).

Todo o Israel será salvo

" Irmãos, não quero que sejam ignorantes deste mistério para que não se tornem presunçosos:

Israel experimentou um endurecimento em parte, até que chegasse à plenitude dos gentios.

Assim, todo o Israel será salvo, como está escrito: Virá de Sião o Redentor [Jesus] que desviará de Jacó a impiedade.

E esta é a minha aliança com eles quando eu remover os pecados deles [pecados do povo de Daniel].

Quanto ao evangelho, eles são inimigos devido a vocês; quanto à eleição, porém, são amados devido aos patriarcas, pois os dons e o chamado de Deus são irrevogáveis.

Como vocês, que antes eram desobedientes a Deus, agora receberam a misericórdia pela desobediência deles, assim estes agora se tornaram desobedientes, para que, pela misericórdia concedida a vocês, eles também recebessem misericórdia" (Romanos 11:25-31).

Os anticristos

Observamos, pela história secular, que o primeiro homem que se assentou no trono de Deus, ou no trono de Davi, se passando por Deus, ou o primeiro anticristo, governando Jerusalém, sem ser descendente de Davi, foi Nabucodonosor, rei da Babilônia. Depois dele foram Dario, Ciro, Artarxerxes, Alexandre, o Grande, as dinastias dos Selêucidas, os imperadores romanos e ainda teríamos um período conhecido com os tempos dos gentios, que seria um período de 42 meses.

"E foi-me dada uma cana semelhante a uma vara; e chegou o anjo e disse:

Levanta-te e mede o templo de Deus e o altar e os que nele adoram.

E deixa o átrio que está fora do templo e não o meças; porque foi dado às nações e pisarão a cidade santa por quarenta e dois meses" (Apocalipse 11:1-2).

O livro de Jeremias (parte a)

Daniel entende que a desolação de Jerusalém duraria um período de 70 anos, observando o livro de Jeremias.

"No ano primeiro de Dario, filho de Assuero, da linhagem dos medos, o qual foi constituído rei sobre o reino dos caldeus.

No primeiro ano do seu reinado, eu, Daniel, entendi pelos livros que o número dos anos, de que falara o Senhor ao profeta Jeremias, em que haviam de cumprir-se as desolações de Jerusalém, seriam de setenta anos" (Daniel 9:1-2).

Porém, a profecia de Jeremias não diz que a desolação de Jerusalém duraria 70 anos.

Jeremias prega durante o reinado de Zedequias e profetiza que a Babilônia conquistará Jerusalém e que os que sobreviverem e forem levados para a Babilônia viverão em cativeiro por 70 anos.

A palavra veio a Jeremias a respeito de todo o povo de Judá no quarto ano de Jeoaquim, filho de Josias, rei de Judá, sendo o primeiro ano de Nabucodonosor, rei da Babilônia.

O que o profeta Jeremias anunciou a todo o povo de Judá e aos habitantes de Jerusalém foi isto:

"Durante vinte e três anos a palavra do Senhor tem vindo a mim, desde o décimo terceiro ano de Josias, filho de Amom, rei de Judá, até o hoje.

E eu a tenho anunciado a vocês, dia após dia, mas vocês não me deram ouvidos.

Embora o Senhor tenha enviado a vocês os seus servos, os profetas, dia após dia, vocês não os ouviram nem lhes deram atenção quando disseram:

Converta-se cada um do seu caminho mal e de suas más obras e vocês permanecerão na terra que o Senhor deu a vocês e aos seus *antepassados para sempre.*

Não sigam outros deuses para prestar-lhes culto e adorá-los; não provoquem a minha ira com ídolos feitos por vocês.

E eu não trarei desgraça sobre vocês.

Mas vocês não me deram ouvidos e me provocaram a ira com os ídolos que vocês fizeram, trazendo desgraça sobre si, declara o Senhor.

Portanto, assim diz o Senhor dos Exércitos:

Visto que vocês não ouviram as minhas palavras, convocarei todos os povos do norte e o meu servo Nabucodonosor, rei da Babilônia, declara o Senhor e os trarei para atacar esta terra, os seus habitantes e todas as nações ao redor.

Eu os destruirei completamente e os farei um objeto de pavor e de zombaria e uma ruína permanente.

Darei fim às vozes de júbilo e de alegria, às vozes do noivo e da noiva, ao som do moinho e à luz das Candeias.

Esta terra se tornará uma ruína desolada e essas nações estarão sujeitas ao rei da Babilônia durante setenta anos.

Quando se completarem os setenta anos, castigarei o rei da Babilônia e a sua nação, a terra dos babilônios, devido a suas iniquidades, declara o Senhor e a deixarei arrasada para sempre.

Cumprirei naquela terra tudo o que falei contra ela, tudo o que está escrito neste livro e que Jeremias profetizou contra todas as nações.

Porque os próprios babilônios serão escravizados por muitas nações e grandes reis; eu lhes retribuirei conforme as suas ações e as suas obras" (Jeremias 25:1-14).

Nesses textos, o profeta Jeremias não menciona a restauração do reino de Jerusalém, depois de um período de 70 anos, ela aponta que a Babilônia seria castigada devido à sua iniquidade.

Daniel, ao ler o livro de Jeremias, entende que a desolação de Jerusalém duraria um período de 70 anos, mas é evidente que depois dos 70 anos de cativeiro babilônico Jerusalém não foi restaurada, eles saíram do domínio dos babilônicos e passaram a ser governados pelos medos e pelos persas.

Daniel: entenda a visão

> Então o anjo diz a Daniel para entender a visão;
> Ele me instruiu e falou comigo, dizendo:
> Daniel, agora saí para fazer-te entender o sentido.
> No princípio das tuas súplicas, saiu a ordem e eu vim, para te declarar, porque és mui amado; considera, pois, a palavra e entende a visão" (Daniel 9:22-23).

Nesse tempo Daniel já tinha recebido as visões dos capítulos dois, quatro, sete e oito do seu livro. Nas visões do capítulo dois ele interpreta um sonho de Nabucodonosor sobre uma estátua, representando a sucessão de vários reinos que antecederiam a restauração do reino de Jerusalém, e da mesma forma Nabucodonosor tem outro sonho, agora um uma árvore que representa o próprio Nabucodonosor, uma árvore cortada com seu toco deixado para crescer depois de 7 tempos. Nos capítulos sete e oito, Daniel tem a visão de alguns animais, representado reinos antecessores à restauração de Jerusalém ou do reino de Deus.

E quando se daria a restauração de Jerusalém segundo essas visões?

Analisaremos essas visões para entendermos quando se daria o reestabelecimento do reino a Jerusalém.

Visão do capítulo dois

No período em que Daniel esteve no cativeiro Babilônico, Nabucodonosor o rei babilônico, teve dois sonhos, que estão diretamente relacionados com a restauração do reino de Jerusalém.

Na visão do capítulo dois, o próprio Nabucodonosor é identificado como sendo a cabeça de ouro de uma estátua, seguida com seu peito e os seus braços de prata, da mesma estátua que seria os reinos sucessores dele mesmo, no caso os medos e dos persas, que conquistariam a Babilônia, o ventre e as suas coxas de cobre da estátua, seriam os gregos, depois as pernas de ferro, que seria os romanos, seguidas pelos seus pés em parte de ferro e em parte de barro.

Segundo essa profecia, o reino de Deus só seria restaurado durante o período dos pés da estátua e não na cabeça de ouro, ou seja, não após o período de tempo de 70 anos de cativeiro babilônico, mas sim no período pós-império Romano.

Veja como foi o sonho de Nabucodonosor e como Daniel interpretou-o:

"Tu, ó rei, estavas vendo e eis aqui uma grande estátua; esta estátua, que era imensa, cujo esplendor era excelente e estava em pé diante de ti; e a sua aparência era terrível.

A cabeça daquela estátua era de ouro fino; o seu peito e os seus braços de prata; o seu ventre e as suas coxas de cobre;

"As pernas de ferro; os seus pés em parte de ferro e em parte de barro.

Estavas vendo isto, quando uma pedra foi cortada, sem auxílio de mão, a qual feriu a estátua nos pés de ferro e de barro e os esmiuçou.

Então foi juntamente esmiuçado o ferro, o barro, o bronze, a prata e o ouro, os quais se fizeram como pragana das eiras do estio e o vento os levou e não se achou lugar algum para eles; mas a pedra, que feriu a estátua, se tornou grande monte e encheu toda a terra.

Este é o sonho; também a sua interpretação diremos na presença do rei.

Tu, ó rei, és rei de reis; a quem o Deus do céu tem dado o reino, o poder, a força e a glória.

E onde quer que habitem os filhos de homens, na tua mão entregou os animais do campo e as aves do céu e fez que reinasse sobre todos eles; tu és a cabeça de ouro" (Daniel 2: 31-38).

Babilônia, a grande mãe das meretrizes e das coisas repugnantes da terra representado pelo rei Nabucodonosor, seria a cabeça e ouro representada no sonho.

Logo surgiria as suas meretrizes ou sucessoras.

"Em sua testa havia esta inscrição: Mistério, a grande babilônia, a mãe das prostituições e abominações da terra.". (Apocalipse 17:5).

"E depois de ti se levantará outro reino, inferior ao teu; [medos e persas] e um terceiro reino, de bronze, o qual dominará sobre toda a terra" [os gregos de Alexandre o Grande] (Daniel 2:39).

"E o quarto será forte como ferro; pois, como o ferro, esmiúça e quebra tudo; como o ferro que quebra todas as coisas, assim ele esmiuçará e fará em pedaços". (Daniel 2:40).

O quarto reino que surgiu, segundo a história secular depois da queda da Babilônia, foi o império romano representado então pelas pernas de ferro desta estatua.

Segundo esta profecia, o reino só seria reestabelecido nos pés da estátua e não na cabeça de ouro, representado pelo reino da Babilônia, e nem nas pernas de ferro, representado pelo império Romano.

Ou seja, muito tempo depois dos 70 anos de cativeiro.

"E, quanto ao que viste dos pés e dos dedos, em parte de barro de oleiro e em parte de ferro, isso será um reino dividido; contudo haverá nele alguma coisa da firmeza do ferro, pois viste o ferro misturado com barro e lodo.

E como os dedos dos pés eram em parte de ferro e em parte de barro, assim por uma parte o reino será forte e por outra será frágil.

Quanto ao que viste do ferro misturado com barro de lodo, misturar-se-ão com semente humana, mas não se ligarão um ao outro, assim como o ferro não se mistura com o barro.

Mas, nos dias desses reis, o Deus do céu levantará um reino que não será jamais destruído; e este reino não passará a outro povo; esmiuçará e consumirá todos esses reinos, mas ele mesmo subsistirá para sempre,

Da maneira que viste que do monte foi cortada uma pedra, sem auxílio de mãos e ela esmiuçou o ferro, o bronze, o barro, a prata e o ouro; o grande Deus fez saber ao rei o que há de ser depois disto. Certo é o sonho e fiel à sua interpretação" (Daniel 2:41-45).

Logo, o último reino seria divido entre nações, tão fortes como o ferro e tão fraca como o barro.

Visão do capítulo quatro

Novamente Nabucodonosor tem outro sonho que o deixou perturbado.

Ele disse: "Tive um sonho, que me espantou; e estando eu na minha cama, as imaginações e as visões da minha cabeça me turbaram" (Daniel 4:5).

As visões de Nabucodonosor foram as seguintes:

"Eis, pois, as visões da minha cabeça, estando eu na minha cama: Eu estava assim olhando e vi uma árvore no meio da terra, cuja altura era grande;

Crescia esta árvore e se fazia forte, de maneira que a sua altura chegava até o céu; e era vista até os confins da terra.

A sua folhagem era formosa e o seu fruto abundante e havia nela sustento para todos; debaixo dela os animais do campo achavam sombra e as aves do céu faziam morada nos seus ramos e toda a carne se mantinha dela.

Estava vendo isso nas visões da minha cabeça, estando eu na minha cama; e eis que um vigia, um santo, descia do céu,

Clamando fortemente e dizendo assim: Derrubai a árvore e cortai-lhe os ramos, sacudi as suas folhas, espalhai o seu fruto; afugentem-se os animais de debaixo dela e as aves dos seus ramos.

Mas deixai na terra o tronco com as suas raízes, atada com cadeias de ferro e de bronze, na erva do campo; e seja molhado do orvalho do céu e seja a sua porção com os animais na erva da terra;

Seja mudado o seu coração, para que não seja mais coração de homem e lhe seja dado coração de animal; e passem sobre ele sete tempos.

Esta sentença é por decreto dos vigias e esta ordem por mandado dos santos, a fim de que conheçam os viventes que o Altíssimo tem domínio sobre o reino dos homens e o dá a quem quer e até o mais humilde dos homens constitui sobre ele.

Este sonho eu, rei Nabucodonosor vi. Tu, pois, Beltessazar [Daniel], dize a interpretação, porque todos os sábios do meu reino não puderam fazer-me saber a sua interpretação, mas tu podes; pois há em ti o espírito dos deuses santos" (Daniel 4:10-17)

No ano de 606 a.C., o Senhor retirou o poder dos descendentes de Davi e entregou Nabucodonosor, que se tornou como uma grande árvore.

Essa árvore então brotou e cresceu até atingir o céu, ou melhor dizendo, o reino de Deus. No ano de 606 a.C. Nabucodonosor assume o poder de Jerusalém.

Daniel disse sobre Nabucodonosor:

"Tu, ó rei, és rei de reis; a quem o Deus do céu tem dado o reino, o poder, a força e a glória" (Daniel 2:37).

De acordo com a Bíblia, o Senhor declarou que Nabucodonosor, rei da Babilônia, seria seu servo. A passagem está em Jeremias 27, onde o Senhor anuncia que as terras e os animais do campo foram dados a Nabucodonosor [árvore do sonho] e que todas as nações deveriam servi-lo. Veja:

"E agora eu já dei todas estas terras na mão de Nabucodonosor, rei de Babilônia, meu servo; e ainda até os animais do campo lhe dei, para que o sirvam.

E todas as nações servirão a ele e a seu filho e ao filho de seu filho, até que também venha o tempo da sua própria terra [depois dos 70 anos de cativeiro babilônico]; então muitas nações e grandes reis o subjugarão.

E acontecerá que a nação e o reino que não o servirem, a saber, a Nabucodonosor, rei de Babilônia e que não puserem o seu pescoço debaixo do jugo do rei de Babilônia, com espada e com fome e com peste castigarei essa nação, diz o Senhor, até que seja consuma pela mão dele" (Jeremias 27:6-8).

No ano 606 a.C., Jeoaquim se rebelou contra Nabucodonosor, o rei da Babilônia, como predito por Jeremias Deus castigou os rebeldes.

Durante o reinado de Jeoaquim, Nabucodonosor invadiu o país e Jeoaquim tornou-se seu vassalo por três anos. Então ele voltou atrás e rebelou-se contra Nabucodonosor.

"O Senhor enviou contra ele tropas babilônicas, aramaicas, moabitas e amonitas, para destruir Judá, de acordo com a palavra do Senhor proclamada por seus servos, os profetas" (2 Reis 24:1-2).

No caso o profeta em questão foi Jeremias, que predisse que os rebeldes seriam consumidos pela mão de Nabucodonosor.

Então Nabucodonosor passa a ser a grande árvore, ou seja, representante ilegítimo do reino de Deus se assentando no trono de Davi sem ser dos descendentes da linhagem de Davi.

Nabucodonosor não poderia receber esse reino, logo a árvore cortada representa o reino de Jerusalém que foi arrancado dos descendentes de Davi e entregue a Nabucodonosor no ano de 606 a.C.[6]

Nesse contexto, a profecia de Ezequiel 21:25-27, dirigida ao seu último rei davídico, diz: "No que se refere a ti, ó

---

[6] Veja mais sobre o ano de 606 a.C em: https://pt.wikipedia.org/wiki/606_a.C.

mortalmente ferido maioral iníquo de Israel, cujo dia chegou no tempo do erro do fim, assim disse o Soberano Senhor.

Remove o turbante e retira a coroa.

Esta não será a mesma.

Põe no alto o rebaixado e rebaixa o que estiver no alto.

Uma ruína, uma ruína, uma ruína a farei.

Também, quanto a esta, certamente não será de ninguém, até que venha aquele que tem o direito legal [Jesus] e a ele é que terei de dá-lo".

Quem teria o direito de receber o reino depois de uma semana, ou depois de um 7, ou ainda depois de 7 tempos? Só poderia ser Jesus, descendente de Davi. Literalmente 7 tempos é o dobro de tempo da primeira metade da semana profética de 1260 anos, já que esse período de tempo corresponde à metade de uma semana de 7 anos [metade de 7 é igual a três tempo e meio] o dobro desses períodos de tempo é igual a 7 tempos.

O sonho continua.

"Estava vendo isso nas visões da minha cabeça, estando eu na minha cama; e eis que um vigia, um santo, descia do céu.

Clamando fortemente e dizendo assim: 'Derrubai a árvore [reino] e cortai-lhe os ramos, sacudi as suas folhas, espalhai o seu fruto [povo de Jerusalém espalhado por toda a terra]; afugentem-se os animais de debaixo dela [as bestas] e as aves dos seus ramos.

Deixai na terra o tronco, com as suas raízes, atadas com cadeias de ferro e de bronze, na erva do campo; e seja molhado do orvalho do céu e seja a sua porção com os animais [bestas] na erva da terra.

Seja mudado o seu coração, para não ser mais coração de homem e lhe seja dado coração de animal; e passem sobre ele sete tempos" (Daniel 4:13-16).

Após 7 tempos, a árvore cresceria novamente.

"Esta sentença é por decreto dos vigias e esta ordem por mandado dos santos, a fim de que conheçam os viventes que o Altíssimo tem domínio sobre o reino dos homens e o dá a quem quer e até o mais humilde dos homens constitui sobre ele" (Daniel 4:17).

Uma profecia confirmando a outra

A profecia de Daniel capítulo nove e sobre os 70 anos de cativeiro babilônico foi cumprida literalmente, a ela foi acrescentando mais uma única semana, ou seja, um único 7 para a resposta à pergunta de Daniel, quando seria restaurado o reino de Israel. E a profecia de Daniel (capítulo 4) são referentes a um período de 7 tempos, ou seja, 70 e também 7.

"Mas ao fim daqueles dias, ou seja, uma semana de 7 anos (ou seja, 2520 dias) eu, Nabucodonosor, o representando de Babilônia, a grande, e de suas meretrizes, levantei os meus olhos ao céu e tornou-me a vir o entendimento e eu bendisse o Altíssimo e louvei e glorifiquei ao que vive para sempre, cujo domínio é um domínio sempiterno e cujo reino é de geração em geração" (Daniel 4:34).

Significado de sempiterno é característica do que é persistente, do que se mantém ou se conserva, para sempre.

O reino de Nabucodonosor não era um reino de geração após geração nem sempiterno, e sim o reino de Jerusalém.

Essa profecia foi feita para que os viventes saibam que o altíssimo é governante no reino da humanidade e que ele o dá a quem quiser e estabelece nele até mesmo o mais humilde da humanidade, no caso um reino sempiterno pertenceria a Jesus.

E que os céus é quem dominam, não a terra.

Depois dos 7 tempos ou 7 anos, o que corresponde a um período de uma semana ou de 2520 dias, o reino não foi restaurado, evidentemente o reino continuou na mão de Nabucodonosor com domínio terrestre e ainda Jerusalém seria piada pelos medos e persas, pelos gregos e pelos romanos por um período de 7 tempos até a chegada do reino celestial.

Ou seja, depois um período de uma semana de 2520 anos, Jesus seria o rei do reino de Deus.

Esse período de tempo corresponde ao dobro de tempos, a primeira metade da semana.

Logo, devemos concluir que 7 tempos podem representar um período de tempo de 2520 dias, como também 7 tempos podem representar um período de tempo de 2520 anos proféticos, por isso a palavra "tempos", que podem se referir a dias ou anos.

Na profecia de Daniel, no capítulo 4, a ordem para deixar o toco da árvore com as raízes significa que o reino seria restaurado e os céus voltariam a dominado novamente, não a terra. O reino estaria reestabelecido nos céus.

Nabucodonosor, depois de 7 anos literais, de 2520 dias, reconheceria que os céus e quem dominam.

Depois de 2520 anos proféticos, os céus e quem dominariam novamente ou o Reino dos Céus ou o Reino de Deus.

Temos a visão do capitulo 12:10-12 do Apocalipse, em se narra Jesus tomando a posse do seu reino nas nuvens dos céus e expulsando satanás para a terra, e quando isso acontece há alegria nos céus e tristeza na terra. Logo, esta posse ocorre nos céus, e não na terra, os céus e quem dominam. Observe o texto:

"E ouvi uma grande voz no céu, que dizia: Agora é chegada a salvação, e a força, e o reino do nosso Deus, e o poder do seu Cristo; porque já o acusador de nossos irmãos é derrubado, o qual diante do nosso Deus os acusava de dia e de noite.

E eles o venceram pelo sangue do Cordeiro e pela palavra do seu testemunho; e não amaram as suas vidas até à morte.

Por isso alegrai-vos, ó céus, e vós que neles habitais. Ai dos que habitam na terra e no mar; porque o diabo desceu a vós, e tem grande ira, sabendo que já tem pouco tempo". Este reino só poderia ser restabelecido depois das visões do livro de Daniel, que vão muito além dos 490 anos de história secular.

Conforme a Bíblia, o único legalmente autorizado a receber esse reino eterno é Jesus Cristo.

"Disse-lhe, então, o anjo: Maria, não temas porque achaste graça diante de Deus.

E eis que em teu ventre conceberás e darás à luz um filho e pôr-lhe-ás o nome de Jesus.

Este será grande e será chamado filho do Altíssimo; e o Senhor Deus lhe dará o trono de Davi, seu pai; Nenhum outro estaria autorizado a se sentar no trono de Davi.

E reinará eternamente na casa de Jacó e o seu reino não terá fim" (Lucas 1:30-33).

Ao contrário de Nabucodonosor, Jesus é "humilde de coração", exatamente como foi profetizado.

"Tomai sobre vós o meu jugo e aprendei de mim que sou manso e humilde de coração e encontrareis descanso para as vossas almas" (Mateus 11:29).

Logo podemos concluir que Nabucodonosor estava governando o reino de Jerusalém ou o reino de Deus ilegitimamente, como anticristo, ou no lugar de Cristo. Por não ser da descendência de Davi, ele não teria o direito legal de governar.

Temos então o primeiro tempo referente à primeira aliança como sendo de três tempos e meio e o segundo tempo seria um 7, ou uma única semana [sete tempos].

Aquele que tem o "direito legal" de governar mostrou ser nenhum outro senão Jesus Cristo, descendente do rei Davi.

Essa profecia indica que Jerusalém, que tinha o turbante, seria rebaixada e que a sua coroa seria retirada, ou o seu poder seria entregue para um que estava abaixo dela. No caso, no ano de 606 a.C., Jerusalém foi rebaixada e a Babilônia, ou Nabucodonosor, recebeu o poder e o domínio. "Você, governador de Israel, é perverso e não teme a Deus, e por isso o seu dia, o dia do seu castigo final, também está chegando. A sua coroa e o seu turbante serão tirados. As coisas não vão continuar como estão. Os pobres terão poder, e os que estão no poder serão rebaixados. Destruição! Destruição! Sim! Destruirei a cidade. Mas isso não acontecerá até que venha aquele a quem vou entregar a cidade. Eu, o Senhor Deus, falei" (Ezequiel 21: 25- 27).

Devemos observar que nessas profecias os tempos são distintos, um período de três tempos e meio, referindo-se ao primeiro pacto, seguido de um período de tempo equivalente ao dobro do primeiro período, que seria equivalente a uma semana ou 7 tempos referentes à Babilônia, a grande, e suas meretrizes, seguido da outra metade da semana ou do novo pacto, que seria equivalente à primeira metade da semana de 1260 anos, ou os tempos dos gentios, que seriam 42 meses, o equivalente a 1260 dias, que é o equivalente a 3,5 anos, o equivalente à metade da última semana da profecia.

As duas águias

Outra profecia referente ao reino de Jerusalém e ao reino de Babilônia está registrada no livro de Ezequiel 17, na parábola das duas águias, em que a águia primeiro planta um ramo que virou uma videira (Jerusalém) depois essa videira é arrancada e outra é plantada no seu lugar (Babilônia).

"Veio a mim a palavra do Senhor, dizendo:

Filho do homem, propõe um enigma e usa de uma parábola para com a casa de Israel e diz:

Assim diz o Senhor Deus: uma grande águia, de grandes asas, de comprida plumagem, farta de penas de várias cores, veio ao Líbano e levou a ponta de um cedro.

Arrancou a ponta mais alta dos seus ramos e a levou para uma terra de negociantes; na cidade de mercadores, a deixou.

Tomou muda da terra e a plantou num campo fértil; tomou-a e pôs junto às muitas águas, como salgueiro.

Ela cresceu e se tornou videira mui larga, de pouca altura, virando para a águia os seus ramos, porque as suas raízes estavam debaixo dela; assim, se tornou em videira e produzia ramos e lançava renovos.

Houve outra grande águia – Babilônia, no sonho Nabucodonosor tem aparência de águia o seu corpo foi molhado com o orvalho do céu até que os seus cabelos e pelos cresceram como as penas da águia, e as suas unhas, como as garras das aves, de grandes asas e de muitas penas–; (Daniel 4:33 parte b) e eis que a videira [Jerusalém] lançou para ela as suas raízes e estendeu para ela os seus ramos, desde a cova do seu plantio, para que a regasse.

Em boa terra, à borda de muitas águas, estava ela plantada, para produzir ramos e dar frutos e ser excelente videira.

Dize: assim diz o Senhor Deus:

Acaso, prosperará ela?

Não lhe arrancará a águia [Babilônia] as raízes e não cortará o seu fruto, para que se sequem todas as folhas de seus renovos?

Não será necessário nem poderoso braço, nem muita gente para a arrancar por suas raízes.

Mas, ainda plantada, prosperará? Acaso, tocando-lhe o vento oriental, de todo não se secará?

Desde a cova do seu plantio se secará.

Então, veio a mim a palavra do Senhor, dizendo:

Dize agora à casa rebelde:

Não sabeis o que significam estas coisas?

Dize:

Eis que veio o rei da Babilônia a Jerusalém e tomou o seu rei e os seus príncipes e os levou consigo para a Babilônia; tomou um da estirpe real e fez aliança com ele; também tomou dele juramento, levou os poderosos da terra, para que o reino ficasse humilhado e não se levantasse, mas, guardando a sua aliança, pudesse subsistir.

Mas ele se rebelou contra o rei da Babilônia [o rei Jeoaquim no ano 606 a.C.], enviando os seus mensageiros ao Egito[7], para que lhe mandassem cavalos e muita gente.

---

[7] A Batalha de Carquemis foi travada em 605 a.C., entre os exércitos do Egito e da Babilônia. O local da batalha foi a cidade de Carquemis, na Síria, no meio do Rio Eufrates. O que aconteceu? O exército egípcio, aliado aos assírios, tentou deter os babilônios, mas foi derrotado. O príncipe herdeiro da Babilônia, Nabucodonosor, liderou os babilônios à vitória. A vitória dos babilônios forçou a retirada das tropas egípcias da Síria e da Palestina. A batalha marcou o fim da força imperial egípcia na região.

Prosperará, escapará aquele que faz tais coisas? Violará a aliança e escapará?

Tão certo como eu vivo, diz o Senhor Deus, **no lugar em que habita o rei que o fez reinar, cujo juramento desprezou e cuja aliança violou, sim, junto dele, no meio da Babilônia, será morto.**

Após o fracasso da rebelião do rei Jeoaquim, ele foi acorrentado e levado para a Babilônia falecendo no caminho, com 25 anos de idade, seu cadáver foi lançado fora da cidade

"Portanto, assim diz o Senhor, acerca de Jeoaquim, rei de Judá: Ele não terá quem se assente no trono de Davi, e o seu cadáver será largado ao calor do dia e à geada da noite". (Crônicas 36:5-6). "Castigá-lo-ei, e à sua descendência, e aos seus servos por causa da iniquidade deles; sobre ele, sobre os moradores de Jerusalém e sobre os homens de Judá farei cair todo o mal que tenho falado contra eles, e não ouviram" (Jeremias 36:30.31).

Portanto, Jeoaquim foi o último rei da descendência de Davi.

Faraó, nem com grande exército, nem com numerosa companhia, o ajudará na guerra, levantando tranqueiras e edificando baluartes, para destruir muitas vidas.

Pois desprezou o juramento, violando a aliança feita com aperto de mão e praticou estas coisas; por isso, não escapará.

Portanto, assim diz o Senhor Deus:

Tão certo como eu vivo, o **meu juramento que desprezou e a minha aliança que violou,** isto farei recair sobre a sua cabeça.

Estenderei sobre ele a minha rede e ficará preso no meu laço; levá-lo-ei à Babilônia e ali entrarei em juízo com ele devido à **rebeldia que praticou contra mim.**

Todos os seus fugitivos, com todas as suas tropas, cairão à espada e os que restarem serão espalhados a todos os ventos; e sabereis que eu, o Senhor, o disse.

Assim diz o Senhor Deus:

Também eu tomarei a ponta de um cedro e a plantarei; do principal dos seus ramos cortarei o renovo mais tenro e o plantarei sobre um monte alto e sublime.

No monte alto de Israel, o plantarei e produzirá ramos, dará frutos e se fará cedro excelente.

Debaixo dele, habitarão animais de toda sorte e à sombra dos seus ramos se aninharão aves de toda espécie.

Saberão todas as árvores do campo [todas as nações] que eu, o Senhor, abati a árvore alta, elevei a baixa, sequei a árvore verde e fiz reverdecer a seca; eu, o Senhor, o disse e o fiz" (Ezequiel 1-24).

O Senhor abateu a árvore alta [Jerusalém], elevou a baixa [Babilônia], secou a árvore verde [Babilônia], a árvore seca [Jerusalém] brotaria novamente, depois de 7 tempos de Daniel capítulo 4:16 ou de uma semana de Daniel capítulo 9: 24 a árvore [reino] que tinha sido acordada brotaria novamente.

Visão do capítulo sete

Em outra visão do livro de Daniel no capítulo 7, podemos observar quatro animais grandes
"O primeiro era como leão e tinha asas de águia; enquanto eu olhava, foram-lhe arrancadas as asas e foi levantado da terra e posto em pé como um homem e foi-lhe dado um coração de homem" (Daniel 7:4).

Observação: Nabucodonosor, rei da Babilônia, tem um coração de homem retirado e posto um coração de animal, na visão do capítulo 4 do livro de Daniel.

"Seja mudado o seu coração, para que não seja mais coração de homem e lhe seja dado coração de animal; e passem sobre ele sete tempos" (Daniel 4:16).

"Continuei olhando e eis aqui o segundo animal, semelhante a um urso, o qual se levantou de um lado, tendo na boca três costelas entre os seus dentes; e foi-lhe dito assim:

Levanta-te, devora muita carne.

Depois disto, eu continuei olhando e eis aqui outro, semelhante a um leopardo e tinha quatro asas de ave nas suas costas; tinha também este animal quatro cabeças e foi-lhe dado domínio" (Daniel 7: 5-6).

Leopardo recebe o domínio

O terceiro animal da visão é quem recebe o poder e o domínio, o turbante foi retirado de Jerusalém e entregue à Babilônia, do rei Nabucodonosor no ano de 606 a.C. ou o leopardo da visão.

Podemos entender, então, que o leão com duas asas se trata do Egito, o urso se trata dos assírios e o leopardo com quatro asas se trata de "Babilônia, a grande" e de suas meretrizes, ou os reinos que surgirão após ela.

Apocalipse 17 nos revela a descrição de um sistema apresentado na figura de uma mulher, chamada de Babilônia. Na realidade, essa mulher, vista por João, esbanjava luxúria, riquezas, poder e domínio sobre os governos da terra.

Após o governo babilônico, surgiram as suas filhas, ou as meretrizes, reinos que a substituíram durante a história humana, no caso os medos, persas, gregos e romanos, por isso o termo "Babilônia, a grande, e as suas meretrizes" ou herdeiras ilegítimas do reino.

"Na sua fronte [marca da besta, escrito na testa], achava-se escrito um nome, um mistério: 'Babilônia, a grande, mãe das meretrizes e das abominações da terra'" (Apocalipse 17:5).

O quarto animal dessa visão é diferente de todos os outros animais.

"Depois disto eu continuei olhando nas visões da noite e eis aqui o quarto animal, terrível e espantoso e muito forte, o qual tinha dentes grandes de ferro; ele devorava e fazia em pedaços e pisava aos pés o que sobejava; era diferente de todos os animais que apareceram antes dele e tinha dez chifres" (Daniel 7:7).

Visão do capítulo oito

Sucederam os babilônios os reinos dos medos e dos persas, logo, devemos pular da visão do capítulo 7 para a visão do capítulo 8, em que está a continuação da sucessão dos animais, ou melhor, dos reinos ou das "meretrizes".

Sobre o quarto animal da visão do capítulo sete, vamos identificá-lo mais à frente como sendo a besta que saiu do mar, constituída dos reinos do Egito, da Assíria e dos babilônios, e a besta da terra constituindo reinos dos medos e persas dos gregos e dos romanos. As duas bestas do apocalipse, uma do mar e outra da terra.

A visão do capítulo 7 é complementada no capítulo 8, em que identificamos mais dois animais, um sendo um carneiro de dois chifres, identificado no mesmo capítulo, no versículo 20, como sendo os reis da Média e da Pérsia.

O outro animal é um bode peludo, identificado no mesmo capítulo, no versículo 21, como sendo rei da Grécia.

A última visão que Daniel tem é a visão das 70 semanas durante o reinado de Dario, já próximo da libertação dos exilados por Ciro no ano 536 a.C.

O livro de Jeremias (parte b)

Daniel entendeu pelo livro de Jeremias que a desolação ou destruição de Jerusalém seria um período de 70 anos, o que não faz sentido, já que depois dos 70 anos isso não ocorreu, mesmo porque ainda estariam no período do reino da Babilônia, faltando outro reino apontado pela visão dos capítulos dois, quatro, sete e oito (entenda a visão de Daniel).

Essas visões de Daniel revelam que o reino só seria restaurado depois da visão que ele teve anteriormente, a visão do capítulo 2, por exemplo, referente ao sonho que Nabucodonosor teve sobre uma estátua, que representa a sessão do reino por meio de metais, barro e argila misturados. Esses sonhos indicam que o reino de Jerusalém ou o reino de Deus só seria reestabelecido após o fim dos babilônicos, dos medos, dos pesas, dos gregos e dos romanos nos pés de uma estátua, ou durante o que podemos chamar de os tempos dos gentios, depois dos 7 tempos de Babilônia, a grande, e de suas meretrizes faltaria ainda a outra metade da semana.

As visões dos capítulos 7 e 8 da mesma forma indicam que o reino só seria reestabelecido muito tempo após a queda da Babilônia, e não depois dos 70 anos de cativeiro.

Então o anjo revela que a restauração de Jerusalém não seria de apenas 70 anos, e sim um período de tempo bem maior, e que o tempo da reconstrução da cidade e do templo duraria um total de 49 anos. Depois desse tempo, ainda teria um período de 434 anos para a chegada de um ungido; depois da chegada do ungido, na última semana da profecia, seria realizada a expiação dos pecados cometidos durante a primeira aliança conforme descrito em (Hebreus 15:9), "visto que ele morreu como resgate pelas transgressões cometidas sob a primeira aliança", em que seria cessada a transgressão cometida pelo povo de Daniel e, ainda, o povo do príncipe que haveria de vir destruiria a cidade e o templo e até o fim haveria guerra e desolações.

Quem foi o príncipe que veio?

O príncipe que veio, dentro da profecia, foi Jesus.

Jesus seria o príncipe de que povo?

Do povo de Jerusalém.

"Quando o poder do povo santo for finalmente quebrado ou destruído, todas essas coisas se cumprirão" (Daniel 12:7).

Povo santo, povo de Jerusalém.

Jerusalém foi destruída devido aos pecados do povo do príncipe que haveria de vir. O príncipe que veio foi Jesus.

Se o povo não tivesse abandonado o Senhor, ele não teria permitido a sua destruição.

Esse foi o principal motivo do fim da primeira aliança e da destruição do primeiro e do segundo templo em Jerusalém e o fim do pacto da lei, mas não a promessa feita a Abraão.

"O que eu quero dizer é o seguinte: Deus fez uma aliança com Abraão e prometeu cumpri-la. A lei, que foi dada quatrocentos e trinta anos depois, não pode quebrar aquela aliança, nem anular a promessa de Deus. Porque, se aquilo que Deus dá depende da lei, então o que ele dá já não depende da sua promessa. Mas o que Deus deu a Abraão, ele deu porque havia prometido. Então, por que é que foi dada a lei? Ela foi dada para mostrar as coisas que são contra a vontade de Deus. A lei devia durar até que viesse o descendente de Abraão, pois a promessa foi feita a esse descendente. A lei foi entregue por anjos, e um homem serviu de intermediário" (Gálatas 3:17-19).

Se não fosse por esses pecados, Jerusalém nunca teria sido destruída.

Jeremias já tinha alertado para que eles abandonarem o seu mau caminho, então ficariam na terra para sempre.

"Converta-se cada um do seu caminho mal e de suas más obras e vocês permanecerão na terra que o Senhor deu a vocês e aos seus antepassados para sempre" (Jeremias 25:5).

Devemos observar também, nessa profecia, que estavam determinadas tribulação, guerras e desolações até o fim.

"E até ao fim haverá guerra; estão determinadas as assolações" (Daniel 9:24 part. b).

Agora que localizamos, no espaço e no tempo, a primeira metade da semana da profecia, referente aos pecados do povo de Daniel, podemos determinar, pela lógica, que a outra metade da semana da profecia teria o mesmo período de tempo de 1260 anos, já que seria a outra metade da semana referente ao primeiro pacto, com o povo de Daniel, expiados por Jesus, e a outra metade da semana para os gentios, referente aos 42 meses dos tempos dos gentios.

"E foi-me dada uma cana semelhante a uma vara; e chegou o anjo e disse: levanta-te e mede o templo de Deus e o altar e os que nele adoram.

E deixa o átrio que está fora do templo e não o meças; porque foi dado às nações e pisarão a cidade santa por quarenta e dois meses" (Apocalipse 11:1-2).

Quarenta e dois meses, em dias, tem um total de 1260 dias; em anos, é igual à metade de uma semana de 7 anos.

Aplicando a regra, para cada ano de pecado um dia, e levando em consideração o sacrifício de Jesus pelos pecados dos povos gentios, ou pelo novo pacto, podemos concluir, pela lógica, que seria um período de 1260 anos para a outra metade da semana da profecia de Daniel, do capítulo nove.

Logo, a primeira metade dessa última semana da profecia está localizada no passado, ou no primeiro pacto feito com Abrão por meio do seu filho Isaque, e a outra no futuro, ou novo pacto.

· A primeira metade dessa última semana compreende o período do ano de 1866 a.C. ao ano de 606 a.C., como vimos na cronologia bíblica dos fatos históricos.

Continuaremos agora, a partir do ano de 606 a.C., para localizarmos no espaço e no tempo outras profecias. Nosso foco agora deve ser no cumprimento dessas profecias nos seus devidos tempos determinados pelas Escrituras.

No capítulo 12 do livro de Daniel, faz-se referência sobre a chegada de Miguel, dando início a um período descrito como o tempo de angústia como nunca houve, entre as nações até aquele tempo, também temos a questão da ressurreição dos mortos.

Essas questões seriam resolvidas depois de um tempo, de tempos e metade de um tempo. Como agora conseguimos localizar o primeiro período de tempo da profecia, é só seguir o raciocínio.

Um tempo teria um total de 1260 anos, referentes à primeira metade da semana; tempos ou dois tempos seriam o dobro do primeiro tempo, ou 7 tempos, que nos daria um total de 2520 anos e metade de um tempo, seria a outra metade da semana que começaria quando os 7 tempos terminassem. Um tempo, tempos e metade da última semana.

Se fôssemos fazer uma contagem direta do tempo, teríamos a seguinte configuração:

        1260   2520   1260

1866 a.C. -------- 606 a.C. -------- 1914 d.C. -------- 3174 d.C.

Intervalos de 1260 anos, 2520 anos e de 1260 anos entre as datas

Um tempo, dois tempos e metade de um tempo

1ª metade da semana	2 tempos	2ª metade da semana
3,5 tempos	7 tempos	3,5 tempos

Os tempos dos gentios (parte a)

Os tempos dos gentios são um período determinado de tempo de 42 meses, que em anos somam um total de 3,5 anos e em dias somam um total de 1260 dias. Esses tempos são iguais à outra metade da semana da profecia de Daniel, capítulo nove. Nova aliança.

Depois desses períodos em que o santuário ficou impuro, sendo governado pelas nações, ainda teríamos um período de 2300 tardes e manhãs para que o santuário fosse purificado.

"Depois, ouvi um santo que falava; e disse outro santo àquele que falava:

Até quando durará a visão do sacrifício diário e da transgressão assoladora, visão na qual é entregue o santuário e o exército, a fim de serem pisados?

Até duas mil e trezentas tardes e manhãs; então o santuário será purificado" (Daniel 8:13-14).

A profecia não nos diz quanto tempo o santuário ficaria impuro, e sim quanto tempo duraria para que ele fosse purificado, depois que o santuário fosse entregue para ser pisado pelas nações e depois que foi posta a abominação que causou a desolação ou destruição de Jerusalém. Jerusalém ficou desolada, sem reis, sem príncipes, sem sacerdotes. Devido ao começo do cativeiro babilônico no ano 606 a.C., toda a corte real foi levada para o cativeiro.

O anjo ainda completa que esta visão das 2300 tardes e manhas é para o tempo determinado para o fim.

E a visão da tarde e da manhã que foi falada, é verdadeira. Tu, porém, cerra a visão, porque se refere a dias muito distantes (Daniel 9:26).

Já a profecia de Daniel 12: 7-13 indica quanto tempo duraria esta devastação de Jerusalém:

"E ouvi o homem vestido de linho, que estava sobre as águas do rio, o qual levantou ao céu a sua mão direita e a sua mão esquerda, e jurou por aquele que vive eternamente que isso seria para um tempo, tempos e metade do tempo, e quando tiverem acabado de espalhar o poder do povo santo [povo de Jerusalém ou povo de Daniel], todas estas coisas serão cumpridas".

Eu, pois, ouvi, mas não entendi; por isso eu disse: Senhor meu, qual será o fim destas coisas?

E ele disse: Vai, Daniel, porque estas palavras estão fechadas e seladas até ao tempo do fim.

Muitos serão purificados, e embranquecidos, e provados; mas os ímpios procederão impiamente, e nenhum dos ímpios entenderá, mas os sábios entenderão.

' E desde o tempo em que o sacrifício contínuo for tirado, e posta a abominação desoladora, haverá mil duzentos e noventa dias.

Bem-aventurado o que espera e chega até mil trezentos e trinta e cinco dias.

Tu, porém, vai até ao fim; porque descansarás, e te levantarás na tua herança, no fim dos dias".

A Abonação que causou a desolação de Jerusalém foi posta no ano de 606 a.C. logo ela duraria um total de 1290 dias com mais 1335 dias.

Veremos isso com mais detalhes mais a frente, antes necessitamos compreender outras coisas.

Os tempos dos gentios (parte b)

Segundo a interpretação dos líderes das Testemunhas de Jeová, Charles Taze Russell, os tempos dos gentios corresponderiam aos 7 tempos de Daniel, no capítulo 4, do sonho da Nabucodonosor.

Ensinam que os 7 tempos são 7 anos de 360 dias e, com base no princípio bíblico profético, Números 14:34, Ezequiel 4:6-7, cada dia equivale a um ano.

Porém, eles cometeram um erro grave, notório, porque os tempos dos gentios não são de 7 tempos, ou 7 anos, e sim de apenas 3,5 anos ou de 3,5 tempos, já que os tempos dos gentios estão determinados como sendo de 42 meses e não de 84 meses; 42 meses em dias são apenas 1260 dias e, realizando a regra para cada dia um ano, seriam apenas 1260 anos e não 2520 anos, como concluíram.

Para o tempo dos gentios ter um total de 7 tempos, eles teriam que ser de um total 84 meses, ou seja, 84 x 30 = 2520 dias.

Na verdade, o que eles calcularam foi o tempo de Babilônia, a grande, e das suas meretrizes, ou seja, os reinos sucederiam o reino dos babilônicos, no caso as meretrizes seriam os medos e persas, os gregos e os romanos, mencionado no livro do Apocalipse 17:5. Babilônia seria a mãe das abominações que estão pisando em Jerusalém.

Podemos compreender que existem dois períodos, tempos distintos para se referir aos tempos dos gênios, um período de tempo com um total de 7 tempos, ou uma semana

[2520 anos], e outro período de três tempos e meios [1260 anos] ou metade de uma semana, que devem ser contados a partir de que foi posta a abonação que causou a desolação de Jerusalém no ano de 606 a.C., o que seria o começo dos tempos dos gentios.

A frase "tempos dos gentios" se refere à dominação gentia sobre o mundo e ao controle sobre Jerusalém[8].

---

[8] Veja mais em: https://israelmyglory.org/article/q-what-are-the-times-of-the-gentiles/.

A mulher que fugiu para o deserto

No livro de Apocalipse 12, também temos a representação desses períodos de tempos: "E a mulher fugiu para o deserto, onde já tinha lugar preparado por Deus, para que ali fosse alimentada durante mil duzentos e sessenta dias" (Apocalipse 12:6).

Ou seja, metade de uma semana de 7 anos. Esse mesmo período é descrito no mesmo capítulo, de maneira diferente, veja: "foram dadas à mulher duas asas de grande águia, para que voasse para o deserto, ao seu lugar, onde é sustentada [protegida por Deus] por um tempo e tempos e metade de um tempo, fora da vista da serpente" (Apocalipse 12:14).

Logo, podemos concluir que 1260 dias equivalem a um período de tempo de 3,5 tempos.

Deus sustentou o povo de Israel, no deserto, fora do alcance da serpente, protegendo-os da serpente ou do dragão que os perseguiam.

Esse texto se refere ao Israel antigo, período antes do cativeiro babilônico, em que por causa da promessa feita a Abraão o Senhor protegia os israelitas cuidando deles no deserto como se fosse uma águia com asas abertas para proteger os seus filhotes.

Compare os textos:

"Lembra-te dos dias da antiguidade, atenta para os anos de gerações e gerações; pergunta a teu pai e ele te informará, aos teus anciãos e eles te dirão.

Quando o Altíssimo distribuía as heranças às nações, quando separava os filhos dos homens uns dos outros, fixou os limites dos povos, segundo o número dos filhos de Israel.

Porque a porção do Senhor é o seu povo; Jacó é a parte da sua herança.

Achou-o numa terra deserta e num ermo solitário povoado de uivos; rodeou-o e cuidou dele, guardou-o como a menina dos seus olhos.

Como a águia desperta a sua ninhada e voeja sobre os seus filhotes, estende as asas e, tomando-os, os leva sobre elas, assim, só o Senhor o guiou e não havia com ele Deus estranho" (Deuteronômio 32:7-12).

No deserto, fora do alcance da serpente e protegidos dos deuses estranhos por 1260 anos, ou três tempos e meio, o que é equivalente à metade de uma semana de 7 anos no tempo da primeira aliança, que foi cumprida por Jesus e os pecados expiados.

Logo, esse texto refere-se ao antigo pacto e os três tempos e meio tempos da mulher no deserto refere-se à primeira metade da semana de 1260 anos.

Já o texto de apocalipse 12:17 nos revela um tempo diferente, em que o dragão voltaria a perseguir os remanentes da semente.

Esses perseguidos agora com o testemunho de Jesus, ou seja, os gentios.

"O dragão irou-se contra a mulher e saiu para guerrear contra o restante da sua descendência, os que obedecem aos mandamentos de Deus e se mantêm fiéis ao testemunho de Jesus. Então o dragão se pôs em pé na areia do mar" (Apocalipse 12:18). Uma referência à besta que saiu do mar.

A besta saindo do mar

Agora identificaremos o quarto animal do capítulo sete de Daniel, o animal diferente dos outros, descrito no livro de Apocalipse com a besta do mar.

"E eu pus-me sobre a areia do mar e vi subir do mar uma besta que tinha sete cabeças e dez chifres e sobre os seus chifres dez diademas e sobre as suas cabeças um nome de blasfêmia

E a besta que vi era semelhante ao leopardo [Babilônia] e os seus pés como os de urso [Assíria] e a sua boca como a de leão [Egito] e o dragão deu-lhe o seu poder e o seu trono e grande poderio.

E vi uma das suas cabeças como ferida de morte e a sua chaga mortal foi curada; e toda a terra se maravilhou após a besta.

E adoraram o dragão que deu à besta o seu poder; e adoraram a besta, dizendo: quem é semelhante à besta? Quem poderá batalhar contra ela?

E foi-lhe dada uma boca, para proferir grandes coisas e blasfêmias; e deu-se-lhe poder para agir por quarenta e dois meses" (Apocalipse 13:1-10).

42 meses é igual à metade de uma semana de 7 anos.

"E abriu a sua boca em blasfêmias contra Deus, para blasfemar do seu nome e do seu tabernáculo e dos que habitam no céu". (Apocalipse 13:6). Uma referência à adoração a deuses falsos durante a primeira aliança.

"E foi-lhe permitido fazer guerra aos santos [povo de Daniel] e vencê-los; e deu-se-lhe poder sobre toda a tribo e língua e nação" (Apocalipse 13:7).

Ou seja, as nações que receberam o poder e o domínio de Jerusalém, primeiro os babilônios, depois os medos, persas, gregos e romanos, até que entrasse a plenitude do gentio.

"E adoraram-na todos os que habitam sobre a terra, aqueles cujos nomes não estão escritos no livro da vida do cordeiro que foi morto desde a fundação do mundo.

Se alguém tem ouvidos, ouça.

Se alguém leva em cativeiro, em cativeiro irá; se alguém matar à espada, necessário é que à espada seja morto.

Aqui está a paciência e a fé dos santos" (Apocalipse 13: 8-10).

A besta é semelhante aos animais da visão do capítulo sete de Daniel: o leão que seria o Egito, o urso que seria a Assíria e o leopardo ou Babilônia.

Primeiro quem perseguiu o povo de Israel no deserto foi o Egito, escravizando-os durante um período de 400 anos, depois os assírios os levaram em cativeiro, até que no ano de 606 a.C., com o fim do pacto da aliança, a Babilônia, ou o leopardo, recebeu o poder e o domínio. Com o fim de Jerusalém, todos passaram a adorar a besta, com o fim do pacto ou a lei de Moisés muitos passaram a seguir a besta ou suas leis. Visto que a adoração ao Deus de Israel ficou comprometida, devido à quebra do pacto quase todos passaram a seguir as leis das nações, ou da besta.

No ano de 606 a.C., ela venceu a batalha contra os santos, ou o povo de Jerusalém, porque Deus permitiu, "foi lhe permitido".

No ano 606 a.C., quem tinha que ir ao cativeiro foi para o cativeiro, quem tinha que ser morto pela espada foi morto pela espada.

Ela perseguiu os santos durante 42 meses, que são iguais a um período de 1260 dias, ou três anos e meio ou três tempos e meio ou metade de uma semana de 7 anos.

Levando em consideração o sacrifício de Jesus, para cada ano dos pecados do povo um dia, corresponde a 1260 anos.

Jesus representa todos os santos, a lei e os profetas, ou seja, o povo de Israel, desde o pacto com Abraão ou o sacrifício de Isaque, até o início do cativeiro babilônico, em 3,5 anos ou metade da semana Jesus "reconstruiu" o templo de Deus, ou a barraca de Davi que estava caída, assim como o prometido a Davi.

"Tu não edificarás casa para minha habitação.

Há de ser que, quando teus dias se cumprirem e tiveres de ir para junto de teus pais, então, farei levantar após ti o teu descendente, que será dos teus filhos e estabelecerei o seu reino.

Esse me edificará casa; e eu estabelecerei o seu trono para sempre.

Eu lhe serei por pai e ele me será por filho; a minha misericórdia não apartarei dele, como a retirei daquele que foi antes de ti" (Crônicas 7:11-14).

Certa ocasião disse Jesus:

Jesus respondeu e disse-lhes: Derribai este templo e em três dias o levantarei.

Disseram, pois, os judeus: Em quarenta e seis anos foi edificado este templo e tu o levantarás em três dias?

Mas ele falava do templo do seu corpo" (João 2:19-21).

A morte de Jesus representa a destruição do templo a ressureição de Jesus representa a reconstrução do templo. Na metade da semana, Jesus levantou o tempo de Deus.

Por meio do sacrifício de Jesus, ele venceu a besta, a ferida mortal foi curada, pagando pelos erros dos antepassados de Daniel.

"Quem é semelhante à besta? Quem poderá batalhar contra ela"? Jesus batalhou contra ela e saiu vencedor.

Durante 1260 anos, o dragão (as nações) que perseguiu a mulher no deserto, ou seja, Jerusalém, fora do alcance da serpente.

"E foram dadas à mulher duas asas de grande águia, para que voasse para o deserto, ao seu lugar, onde é sustentada por um tempo e tempos e metade de um tempo, fora da vista da serpente" (Apocalipse 12:14).

O Senhor falou a Moisés:

"Vocês viram o que fiz ao Egito e como transportei vocês sobre asas de águias e os trouxe para junto de mim.

Agora, se me obedecerem fielmente e guardarem a minha aliança, vocês serão o meu tesouro especial entre todas as nações.

Embora toda a terra seja minha, vocês serão para mim um reino de sacerdotes e uma nação santa.

Estas são as palavras que você dirá aos israelitas.

Moisés voltou, convocou as autoridades do povo e lhes expôs todas as palavras que o Senhor havia ordenado que ele falasse.

O povo todo respondeu unânime:

Faremos tudo o que o Senhor ordenou.

Moisés levou ao Senhor a resposta do povo" (Êxodo 19:4-8).

Esse período representa a primeira metade da semana ou o primeiro pacto.

Depois a serpente perseguiu os remanescentes da mulher, pelo mesmo período de tempo, 3,5 tempos ou 1260 dias ou 42 meses ou metade da última semana, os gentios, que têm o testemunho de Jesus.

"E o dragão irou-se contra a mulher e foi fazer guerra ao remanescente da sua semente, os que guardam os mandamentos de Deus e têm o testemunho de Jesus Cristo" (Apocalipse 12:17).

Depois o texto de Apocalipse 13:11 mostra o surgimento da outra besta, agora da terra.

Besta da terra

❝ E vi subir da terra outra besta e tinha dois chifres semelhantes aos de um cordeiro; e falava como o dragão" (Apocalipse 13:11).

A besta com dois chifres é representada pelo carneiro de dois chifres, semelhante a um cordeiro, que surgiu depois do reino da Babilônia, no ano de 539 a.C.

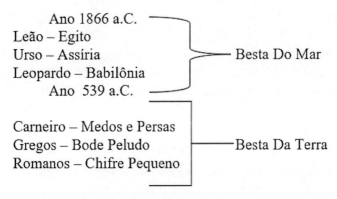

Aqui há sabedoria.

"Aquele que tem entendimento, calcule o número da besta; porque é o número de homens, ou cálculo de homem e o seu número é seiscentos e sessenta e seis" (Apocalipse 13:18).

O que os homens calculam? As datas! Os dias! Os meses! Os anos!

Esse número aparece entre as datas 1866 e 606 a.C.

Nomes: Egito, Assíria e Babilônia

1866 ------------ 666 -------------------- 606

Podemos definir que o quarto animal da primeira visão de Daniel 7:7 é diferente de todos os outros reinos, com 10 chifres, porque não é apenas um reino dominante, e sim a soma de todos os reinos da terra, como nos pés da estátua de Nabucodonosor. Note que todos os metais da estátua estão misturados com barro e argila.

"Da maneira que viste que do monte foi cortada uma pedra, sem auxílio de mãos e ela esmiuçou o ferro [pernas de ferro Roma], o bronze, o barro, a prata [medos e persas, gregos) e o ouro [cabeça de ouro, Babilônia" (Daniel 2:45).

Da mesma forma, os 10 chifres estão nas 7 cabeças da fera, já que os chifres estão abaixo de 10 diademas, com seus nomes de blasfêmia.

"Vi emergir do mar uma besta que tinha dez chifres e sete cabeças e, sobre os chifres, dez diademas e, sobre as cabeças, nomes de blasfêmia" (Apocalipse 13:1).

O primeiro reino representado pelo leão, com duas asas, não tem cabeça, assim como o urso, representado pela Assíria, com três costelas na boca.

As três costelas na boca do urso representam o reino do Egito, Jerusalém e os babilônicos, de fato a Assíria devorou muitas carne guerreando contra estes reinos.

A cabeça deles é Jerusalém, a mulher sentada na besta que está dominando o mundo antigo.

"Pois Deus colocou no coração deles o desejo de realizar o propósito que ele tem, levando-os a concordarem em dar à besta o poder que eles têm para reinar [quem tinha o poder de reinar sobre Jerusalém eram os judeus, Deus permitiu que o poder fosse entregue a besta devido as transgressões do povo de Daniel] até que se cumpram as palavras de Deus. A mulher que você viu é a grande cidade que reina sobre os reis da terra" (Apocalipse 17:17-18).

A nação que Deus escolheu para reinar foi Jerusalém, uma nação de reis e de sacerdotes.

Já o reino representado pelo leopardo é apresentado com 4 cabeças, que recebeu o poder, tendo 4 asas de aves nas costas, em suas cabeças, 4 chifres e em seus chifres 4 diademas. O segundo reino, dos medos e dos persas, é representado pelo carneiro de 2 chifres, o bode começa com um chifre grande que é quebrado e termina com 4 chifres. No meio dos 10 chifres surge um chifre pequeno.

4 chifres do leopardo.

2 chifres do carneiro.

4 chifres do bode peludo. Ao todo 10 chifres.

A besta então fica com 7 cabeças, com 10 chifres e 10 diademas, os nomes de blasfêmia são: Egito, Assíria, Babilônia, os medos e os persas, Grécia e Roma. O último reino são essas nações juntas e misturadas, ou o tempo dos gentios, da mesma forma como os ferro e o barro dos pés da estátua do sonho de Nabucodonosor

A partir daí não existe mais um reino dominante.

E a besta, que era e não é, também é ele, o oitavo reino que procede dos sete e caminha para a destruição.

"E sobre as asas das abominações virá o assolador e isso até a consumação; e, o que está determinado será derramado sobre o assolador nações que assolaram ou pisaram em Jerusalém.

Estas nações que estão pisando em Jerusalém ou assolando Jerusalém, algo será derramado sobres elas. O que de fato ainda não aconteceu.

Os dez chifres que viste são dez reis, os quais ainda não receberam reino, mas recebem autoridade como reis, com a besta, durante uma hora" (Apocalipse 17:11-12).

Quando é que esses reinos recebem autoridade por apenas uma hora?

Nessa profecia, o que significa esse período de apenas uma hora? Um curto período de tempo ou um tempo abreviado?

Seguindo a linha de raciocínio, Daniel entendeu pelo livro de Jeremias que Jerusalém seria restaurada depois de um período de 70 anos de cativeiro e o anjo disse que seria um 7, ou uma única semana, que o tempo da reconstrução seria de 7 x 7, ou seja, 49 anos; o tempo da chegada do ungido seria de 62 x 7, ou seja, 434 anos levando em consideração o enunciado da oração de Daniel. Esta última teria que ser aplicada aos pecados do povo de Daniel e sobre a cidade de Jerusalém e ao pacto com muitos por uma única semana.

Logo, interpretar que seria um período de 70 x 7 = 490 anos para a restauração do reino de Jerusalém não procede.

Podemos concluir que depois das visões dos capítulos dois, quatro, sete e oito, do livro de Daniel, a única profecia que ultrapassa esse período de tempo é a profecia das 2300 tardes e manhãs e a de Mateus 24:14, que diz que as boas novas do reino de Deus serão pregadas em toda a terra abitada e então virá o fim.

A partir do cativeiro babilônico, então, teríamos um total de 70 anos, referentes à profecia de Jeremias 25, o que nos levaria ao decreto de Ciro do ano 536 a.C.

O anjo disse que seria 70 e acrescentou um 7 ou uma única semana, só que essas semanas só podem findar depois das profecias dos capítulos dois, quatro, sete e oito referentes às visões de Daniel, em que o reino seria reestabelecido durante os pés da estátua do sonho de Nabucodonosor e não durante a cabeça de ouro.

Daniel então não teria entendido essas visões achando que o reino seria reestabelecido no fim do cativeiro babilônico de 70 anos, porém a visão vai muito além do cativeiro, passando por outros reinos. Fazendo os cálculos devemos compreender que essa semana teria um total de 2520 anos contados a partir do ano de 606 a.C ou do começo do cativeiro babilônico. Ou seja, uma semana de 2520 anos. Logo, temos 606 a.C menos 2520 anos d.C., chegando ao ano de 1914 d.C.

Com o fim dos 7 tempos de Babilônia [2520 anos] marca a continuidade do tempo dos gentios para completar a sua plenitude [1260 anos] nos pés da estátua, no ano de 1914 d.C.

A besta, agora com 7 cabeças, 10 chifres e dez diademas, volta do abismo ganhou um fôlego de vida para reinar com os reis da terra por mais uma hora.

Reestabelecimento do Reino nos pés da estátua

66 Na época desses reis, o Deus dos céus estabelecerá um reino que jamais será destruído e que nunca será dominado por nenhum outro povo.

Destruirá todos os reinos daqueles reis e os exterminará, mas esse reino durará para sempre. [Aparentemente é isto que está determinado e que será derramado sobre o assolador].

Da maneira que viste que do monte foi cortada uma pedra, sem auxílio de mãos e ela esmiuçou o ferro, o bronze, o barro, a prata e o ouro; o grande Deus fez saber ao rei o que há de ser depois disto.

Certo é o sonho e fiel à sua interpretação" (Daniel 2:44-45).

Logo, a tese de que essa profecia seria de um período de tempo de 490 anos não procede, visto que a duração dos tempos em que essas nações governaram ultrapassa largamente os 490 anos de história.

Ou podemos dizer que os 483 anos até a chegada do ungido estão corretos, só que tratam-se de duas profecias, uma para a vinda do messias e outra para expiação pelos pecados cometidos durante vigência da primeira aliança, como indicado no livro aos Hebreus 9:15, os últimos 7 anos que estão relacionados ou são referentes à expiação pelos pecados do povo de Daniel, o cumprimento da primeira aliança e o estabelecimento da nova aliança com todos os povos, tribos, línguas e nações, estando portanto deslocada no espaço e no tempo, e a lei e o tempo foram alterados. "E ele mudará o tempo e a lei" (Daniel 7:25).

Cronologia dos capítulos sete e oito

Daniel tem uma visão de uma besta saindo do mar "Quatro grandes animais, cada um diferente dos outros, subiram do mar" (Daniel 7:3).

Logo, devemos identificar as bestas do mar como sendo esses animais subindo do mar.

O primeiro um leão, o segundo um urso e o terceiro um leopardo que recebe autoridade para governar (Daniel 7:6). O poder foi tirado dos judeus e entregue a Nabucodonosor, rei de Babilônia.

Depois surgiu a besta da terra com dois chifres, o animal com dois chifres aparece no capítulo oito de Daniel como sendo um carneiro de dois chifres, representando os reinos dos medos e dos persas.

Essa besta apareceria depois de cativeiro babilônico como indicado no livro de Apocalipse 13:11.

"Se alguém há de ir para o cativeiro, para o cativeiro irá. Se alguém há de ser morto à espada, à espada haverá de ser morto. Aqui estão a perseverança e a fidelidade dos santos.

Então vi outra besta que saía da terra, com dois chifres como cordeiro, mas que falava como dragão" (Apocalipse 13:10-11).

Logo após aparece a outra figura representativa dos reinos da terra, um bode peludo com um chifre grande representando o reino da Grécia.

O livro narra uma briga entre o bode peludo e o carneiro com dois chifres, em que o bode quebra os dois chifres do caneiro, assumindo então o poder.

"Observei o carneiro enquanto ele avançava para o oeste, para o norte e para o sul. Nenhum animal conseguia resistir-lhe e ninguém podia livrar-se do seu poder. Ele fazia o que bem queria e foi ficando cada vez maior.

Enquanto eu estava considerando isso, de repente um bode, com um chifre enorme entre os olhos, veio do oeste, percorrendo toda a extensão da terra sem encostar no chão.

Ele veio na direção do carneiro de dois chifres que eu tinha visto ao lado do canal e avançou contra ele com grande fúria.

Eu o vi atacar furiosamente o carneiro, atingi-lo e quebrar os seus dois chifres. O carneiro não teve forças para resistir-lhe; o bode o derrubou no chão e o pisoteou e ninguém foi capaz de livrar o carneiro do seu poder" (Daniel 8:4-7).

Este bode peludo representando o reino da Grécia tornou-se muito grande, mas no auge da sua força o seu grande chifre foi quebrado e em seu lugar cresceram quatro chifres enormes, na direção dos quatro ventos da terra.

O bode peludo representado pelo reino da Grécia foi quebrado com a morte de Alexandre, o grande. Com a decadência do império grego, surgiram quatro dinastias, três dessas dinastias foram quebradas, Cassandro, Ptolemeu e Antígono, prevalecendo sobre eles a dinastia dos Selêucidas. A partir dela surge o chifre pequeno, ou império romano.

"E o bode se engrandeceu sobremaneira; mas, estando na sua maior força, aquele grande chifre foi quebrado; e no seu lugar subiram outros quatro também insignes, para os quatro ventos do céu" (Daniel 8:8-9).

Dos quatro chifres que cresceram, três foram arrancados e de um dos chifres (Selêucidas) surgiu o chifre pequeno.

Chifre pequeno

Este chifre pequeno tem as características do que aconteceu durante o império romano, foi durante esse período que cessaram o sacrifício e a oferta de manjares e Jesus expiou os pecados do povo de Daniel.

Jesus foi perseguido durante o seu ministério, um período de 1260 dias, ou de 42 meses, ou ainda metade de uma semana de 7 anos, o que corresponde a 3,5 tempos.

E de um deles (Selêucidas) saiu um chifre muito pequeno, o qual cresceu muito para o sul e para o oriente e para a terra formosa, Jerusalém. Tudo ocorreu em Jerusalém, a terra gloriosa.

Nesse período do chifre pequeno o texto de Daniel capítulo 7 revela:

"Enquanto eu estava refletindo nos chifres, vi um outro chifre, pequeno, que surgiu entre eles; e três dos primeiros chifres foram arrancados [Cassandro, Ptolemeu, Antígono] para dar lugar a ele. Esse chifre possuía olhos como os olhos de um homem e uma boca que falava com arrogância. Enquanto eu olhava, tronos foram postos no lugar e um ancião se assentou. Sua veste era branca como a neve; o cabelo era branco como a lã. Seu trono ardia em fogo e as rodas do trono estavam todas incandescentes" (Daniel 7:8-9).

Jesus foi acusado e morto pelo crime de blasfêmia contra Deus.

"Um rio de fogo manava e saía de diante dele; milhares de milhares o serviam e miríades de miríades estavam diante dele; assentou-se o tribunal e se abriram os livros.

Então, estive olhando, devido à voz das insolentes palavras que o chifre proferia [julgamento de Jesus]; estive olhando e vi que o animal foi morto (besta) e o seu corpo desfeito e entregue para ser queimado.

Quanto aos outros animais, foi-lhes tirado o domínio; todavia, foi-lhes dada a prolongação de vida por um prazo e um tempo" (Daniel 7:12). Até o fim dos 7 tempos, que estava determinada para Babilônia e as suas meretrizes, ou dos 2 tempos, ou seja, até o ano de 1914.

"Eu estava olhando nas minhas visões da noite e eis que vinha com as nuvens do céu um como o Filho do Homem e dirigiu-se ao Ancião de Dias e o fizeram chegar até ele" (Daniel 7: 13).

Filho do Homem recebe o domínio

❝ Foi-lhe dado domínio e glória e o reino, para que os povos, nações e homens de todas as línguas o servissem; o seu domínio é domínio eterno, que não passará e o seu reino jamais será destruído" (Daniel 7:14).

Na primeira visão de Daniel, capítulo sete, o primeiro animal é o leão, depois o urso e o leopardo formando a besta que saiu do mar.

Na segunda visão do capítulo oito, os animais são o carneiro com dois chifres [besta da terra com dois chifres, Apocalipse 13:11] e o bode peludo com um chifre grande, que foi quebrado surgindo quatro chifres no seu lugar e depois três deles foram quebrados e de um deles saiu um chifre pequeno.

Animal perde o domínio

Durante o período do chifre pequeno são postos tronos, devido à insolência desses animais (reinos ou besta da terra) eles foram mortos, ou seja, o carneiro de dois chifres e o bode peludo com o chifre pequeno. Quanto aos outros animais, ou seja, o leão, o urso e o leopardo, foi prolongada a vida por um prazo de tempo até 1914, a besta, porém, ou o dragão seria acorrentado por mil anos antes de continuar o seu domínio.

Após este período de tempo ela receberia mais uma hora com os reis da terra.

"Os dez chifres que você viu são dez reis que ainda não receberam reino, mas que por uma hora receberão, com a besta, autoridade como reis" (Apocalipse 17:12-14).

"E se engrandeceu até contra o exército do céu; e a alguns do exército e das estrelas, lançou por terra e os pisou.

E se engrandeceu até contra o príncipe do exército [Jesus]; e por ele foi tirado o sacrifício contínuo e o lugar do seu santuário foi lançado por terra" (Daniel 8:10-11).

Durante o período do império romano [chifre pequeno] o santuário foi lançado por terra no ano 70 d.C. [destruição do segundo templo].

E um exército foi dado contra o sacrifício contínuo, [exército romano] devido à transgressão, "pecados do povo de Daniel", e lançou a verdade por terra e o fez e prosperou (Daniel 8:9-10).

"E proferirá palavras contra o Altíssimo e destruirá os santos do Altíssimo e cuidará em mudar os tempos e a lei; e eles serão entregues na sua mão, por um tempo e tempos e a metade de um tempo [3,5 tempos ou 42 meses ou 1260 dias ou ainda metade de uma semana de 7 anos]" (Daniel 7:25).

Com o sacrifício de Jesus, durante 3,5 tempos ou 1260 dias ou metade de uma semana de 7 anos, na cidade de Jerusalém, durante o império romano, foi alterado o tempo e a lei, Jesus pagando pelos pecados do povo de Daniel cometidos durante a primeira aliança, ou primeira metade da semana do ano de 1866 a.c. ao ano de 606 a.c., fazendo cessar os sacrifícios e as ofertas de manjares que eram realizadas diariamente e de ano em ano.

É como se esses pecados agora nunca tivessem sido cometidos, mudando o tempo e a lei, e como se povo de Daniel tivesse entrado no ventre das suas mães e nascido de novo sem pecado, como Jesus disse a Nicodemos em uma conversa.

"Em resposta, Jesus declarou: 'Digo-lhe a verdade: ninguém pode ver o reino de Deus, se não nascer de novo'.

Perguntou Nicodemos: 'Como alguém pode nascer, sendo velho? É claro que não pode entrar pela segunda vez no ventre de sua mãe e renascer!'

Respondeu Jesus: 'Digo-lhe a verdade: Ninguém pode entrar no reino de Deus, se não nascer da água e do Espírito.

O que nasce da carne é carne, mas o que nasce do Espírito é espírito.

Não se surpreenda pelo fato de eu ter dito: É necessário que vocês nasçam de novo.

O vento sopra onde quer. Você o escuta, mas não pode dizer de onde vem nem para onde vai. Assim acontece com todos os nascidos do Espírito'.

Perguntou Nicodemos: 'Como pode ser isso?'

Disse Jesus: 'Você é mestre em Israel e não entende essas coisas?

Asseguro-lhe que nós falamos do que conhecemos e testemunhamos do que vimos, mas mesmo assim vocês não aceitam o nosso testemunho.

Eu lhes falei de coisas terrenas e vocês não creram; como crerão se lhes falar de coisas celestiais?

Ninguém jamais subiu ao céu, a não ser aquele que veio do céu: o Filho do homem.

Da mesma forma como Moisés levantou a serpente no deserto, assim também é necessário que o Filho do homem seja levantado, para que tudo o que nele crer tenha a vida eterna'" (João 3:1-15). Ou seja, era necessário que Jesus morresse e fosse ressuscitado para que eles "nascessem de novo", como se Jesus tivesse uma máquina do tempo e viajasse para o passado para consertar o futuro.

Tudo isso aconteceu durante o ministério de Jesus no período das pernas de ferro do sonho de Nabucodonosor, ou chifre pequeno representado na profecia como sendo o império romano e na cidade de Jerusalém a terra gloriosa.

E durante a primeira metade da semana do ano 26 d.C. ao ano 29 d.C.

Jesus assim cumpriu a lei, ou o pacto antigo, e estabeleceu o novo pacto, mudando o tempo e a lei.

Com o sacrifício de Jesus, ele retirou o poder da besta da terra [animal foi morto], o seu domínio foi tirado podendo assim reestabelecer o reino de Jerusalém.

"Continuei a observar por causa das palavras arrogantes que o chifre falava. Fiquei olhando até que o animal foi morto e o seu corpo foi destruído e atirado no fogo.

E foi tirada a autoridade dos outros animais, [o dragão ou a besta do mar foi amarrado] mas eles tiveram permissão para viver por um período de tempo" (Daniel 7:11-12).

O dragão, que desencaminhava as nações, seria amarrado por mil anos, mas depois teria de ser solto por um curto período de tempo.

"Então, vi descendo do céu um anjo que tinha nas mãos a chave do abismo e uma corrente pesada. Ele agarrou o dragão, aquela velha cobra que é o Diabo ou Satanás, e o amarrou por mil anos. Então o anjo jogou o Diabo no abismo, trancou e selou a porta para que ele não enganasse mais as nações até terminarem os mil anos. Depois desses mil anos é preciso que ele seja solto por um pouco de tempo" (Apocalipse 20:1-3).

Até que se cumprisse o tempo determinado, 7 tempos ou o dobro de tempo da primeira metade da semana, que no caso foi um período de 1260 anos portanto até que os 2520 anos se cumprisse desde que foi posta a abominação que causou a desolação de Jerusalém. O último descendente legítimo da dinastia Davítica foi cortado no ano de 606 a.C., quando o reino foi entregue a Nabucodonosor, que passa a ser servo do Deus altíssimo, o primeiro gentil a se assentar no trono de Jerusalém.

Daniel capítulo nove e doze e Jeremias 25

Aplicando os textos à profecia de Daniel no capítulo nove, Jesus realizou um pacto com muitos por uma semana, ou seja, por 2520 dias, pois cada dia profético desse pacto equivale a um ano literal, já que para se realizar a expiação dos pecados, cada ano de pecado equivale a um dia de expiação.

Levando em consideração esses aspectos das profecias, podemos considerar que: a primeira metade da semana da profecia de Daniel, capítulo nove, foi para expiar os pecados cometidos pelo povo de Daniel durante o período de 1866 a.C. ao ano de 606 antes Cristo. Após esse período, se seguiria um período de uma única semana e esse período seria o dobro de tempo da primeira metade da semana, ou seja, 2520 anos. Isso implicaria que a profecia de Jeremias 25 seria de um total de 70 anos de cativeiro babilônico, o que foi cumprido fielmente no passado, e a de Daniel, que seria um cálculo a partir do decreto de Ciro do ano 536 a.C. de uma única semana de 2520 anos. Logo a primeira parte da profecia não seria de 70x7 = 490 anos, e sim de 70 anos referentes ao período de cativeiro babilônio citado por Jeremias no capítulo 25 com mais apenas uma única semana ou um único 7. Já a segunda parte e terceira parte da profecia de fato seria de 7 setes, ou seja, 49 anos e de 62 setes, ou seja, de 434 anos. A última parte da profecia, ou da última semana, devemos levar em conta o enunciado da oração de Daniel e o decreto de Ciro e a libertação dos exilados em Babilônia, logo, teríamos que dar continuidade às profecias levando em consideração a expiação pelos pecados, o pacto por uma semana, o fim dos sacrifícios e das ofertas de manjares, o fim da lei e o início da nova aliança. Os dois cálculos apontam para a mesma direção, a primeira e segunda parte para a vinda de Cristo no ano 26 d.C. e a última parte para o reestabelecendo do reino de Deus depois de uma única semana profética de 2520 anos.

O livro de Apocalipse nos apresenta duas visões da volta de Cristo, uma visão que Jesus está usando um arco em um cavalo branco, com sua coroa na cabeça, ou seja, de longe atingindo seus inimigos, com o arco o guerreiro não necessita de se aproximar dos seus inimigos para os atingir, escondido como um ladrão nas nuvens dos céus.

E olhei, e eis um cavalo branco; e o que estava assentado sobre ele tinha um arco; e foi-lhe dada uma coroa, e saiu vitorioso, para que vencesse (Apocalipse 6:2).

Jesus recebe sua coroa no ano de 1914 depois de um período dos 70 anos de cativeiro a partir do ano 606 a.C. e de uma semana equivalente de 2520 anos a partir do ano de 606 a.C.

Na outra visão, Jesus também aparece montado em um cavalo branco, porém agora ele está com uma espada na mão para atingir os seus inimigos de perto de maneira visível, começa com um arco na mão e está guerreando com a espada, também está manchado com sangue.

"Depois eu vi o céu aberto e, diante de mim, havia um cavalo branco. O seu cavaleiro se chamava Fiel e Verdadeiro, pois é com justiça que ele julga e luta. Os seus olhos eram como chamas de fogo e na sua cabeça havia muitas coroas. Nele havia um nome escrito e ninguém sabia o que esse nome significava, a não ser ele mesmo. Ele estava vestido com um manto que havia sido tingido em sangue e o seu nome era "A Palavra de Deus". Os exércitos do céu o seguiam, montados em cavalos brancos e vestidos com roupas de linho finíssimo, branco e puro. Da boca do cavaleiro saía uma espada afiada, com a qual ele iria ferir as nações. Ele mesmo as governará com vara de ferro, pisará as uvas no tanque e fará com que as nações bebam do vinho da tremenda ira do Deus Todo-Poderoso. No seu manto e na sua coxa estava escrito isto: 'Rei dos reis e Senhor dos senhores'" (Apocalipse 19:11-16).

Duas visões bem distintas.

Fazendo um cálculo direto, o reino de Jerusalém teria que ser restaurado no ano de 1914. Mas agora Jerusalém não é terrestre e sim celestial.

"Vi a Cidade Santa, a nova Jerusalém, que descia dos céus, da parte de Deus, preparada como uma noiva adornada para o seu marido" (Apocalipse 21:2).

1866 a.C. --- intervalo de 1260 anos --- 606 a.C. primeira metade da semana.

606 a.C. --- intervalo de 70 anos 536 a.C. decreto de Ciro.

606 a.C. --- intervalo de 2520 anos --- 1914 d.C. Uma semana completa.

Agora falta a outra metade da semana.

Dando início a um período de angústia, descrito em Daniel 12:1, e dos sinais que antecedem a volta visível de Cristo, em Mateus 24:21-29, conhecido como a grande tribulação.

A grande tribulação

Agora vamos localizar no espaço e no tempo os últimos 3,5 anos da profecia.

Este curto período de tempo, ou um tempo abreviado, correspondente a um período de apenas 1 hora. A besta que tinha recebido um golpe teve a sua ferida curada, representada pela besta do mar; a outra besta, a da terra (medos, persas, gregos e romanos foram queimados), são os animais que foram mortos perdendo o poder com o sacrifício de Cristo. Quanto aos outros amimais, foi concedido fôlego de vida.

Babilônia e as suas meretrizes tinham um total de 7 tempos, a besta que volta do abismo ganhou mais 1 hora.

"Os dez chifres que você viu são dez reis que ainda não receberam reino, mas que por uma hora receberão, com a besta, autoridade como reis. Eles têm um único propósito e darão o seu poder e a sua autoridade à besta. Guerrearão contra o Cordeiro, mas o Cordeiro os vencerá, pois é o Senhor dos senhores e o Rei dos reis; e com ele vencerão os seus chamados, escolhidos e fiéis" (Apocalipse 17-12-14).

Esse período de tempo se refere aos pés da estátua do sonho de Nabucodonosor, 10 chifres, 10 dedos, 10 reis, reinos fortes misturados com reinos fracos, como ferro não se mistura com argila modelada. Com o fim do império romano começa a surgir vários reinos uns fortes e outros fracos, um mundo dividido uns comunistas, outros democráticos, monarquistas, todos criando e seguindo as suas próprias leis.

Essas conclusões implicariam o fato de que o Reino de Deus, ou de Jerusalém, seria entregue para aquele que tem o direito legal de governar sobre Jerusalém, cortado no ano de 606 a.c., e que depois de um período de uma semana profética de 2520 anos, seria entronizado nos céus no ano de 1914, dando início a um período conhecido como a grande tribulação. Porém a besta que volta do abismo ainda teria mais um período de tempo, que foi acrescentado pelo fôlego de vida.

Todos os textos referentes à volta de Jesus indicam que quando ele tomar posse do seu reino nas nuvens dos céus, marcará o princípio de tempos difíceis para o planeta, por exemplo:

"Nesse tempo, se levantará Miguel, [Jesus] o grande príncipe, o defensor dos filhos do teu povo e haverá tempo de angústia, qual nunca houve, desde que houve nação até àquele tempo; mas, naquele tempo, será salvo o teu povo, todo aquele que for achado inscrito no livro" (Daniel 12:1).

Isso está conforme o livro de Mateus 24, em que lemos o seguinte.

"Porque nesse tempo haverá grande tribulação, como desde o princípio do mundo até agora não tem havido e nem haverá jamais.

Não tivessem aqueles dias sido abreviados, ninguém seria salvo; mas, devido aos escolhidos, tais dias serão abreviados" (Mateus 24:21-22).

Note que quando Miguel se levanta ou toma posse do seu reino nos céus começa um tempo de angústia.

Mateus 24 indica quais os sinais de que Jesus estaria governando, nas nuvens dos céus, escondido como um ladrão.

"E ele lhes respondeu:

Vede que ninguém vos engane.

Porque virão muitos em meu nome, dizendo:

Eu sou o Cristo e enganarão a muitos.

E, certamente, ouvireis falar de guerras e rumores de guerras; vede, não vos assusteis, porque é necessário assim acontecer, mas ainda não é o fim (as guerras e assolações que estavam determinadas). Mas Ele já estaria presente quando estas coisas estivessem acontecendo.

Porquanto se levantará nação contra nação, reino contra reino e haverá fomes e terremotos em vários lugares; porém tudo isto é o princípio das dores.

Então, sereis atribulados e vos matarão.

Sereis odiados de todas as nações, devido ao meu nome.

Nesse tempo, muitos hão de se escandalizar, trair e odiar mutuamente; levantar-se-ão muitos falsos profetas e enganarão a muitos.

E, por se multiplicar a iniquidade, o amor se esfriará de quase todos.

Aquele, porém, que perseverar até o fim, esse será salvo.

E será pregado este evangelho do reino por todo o mundo, para testemunho a todas as nações.

Então, virá o fim" (Matheus 24: 4-14).

Jesus tomando posse nos céus começam grandes problemas na terra.

Novamente, no livro de Apocalipse 12:10-12, temos a narrativa de Jesus tomando posse do seu reino, nas nuvens dos céus, e o diabo lançado à terra para desencaminhar as nações. Logo, o diabo teria que estar preso para não mais desencaminhar as nações.

Veja o contraste do que acontece nas nuvens dos céus e o que acontece na terra.

"Então, ouvi grande voz do céu, proclamando:

Agora, veio a salvação, o poder, o reino do nosso Deus e a autoridade do seu Cristo, pois foi expulso o acusador de nossos irmãos, o mesmo que os acusa de dia e de noite, diante do nosso Deus (Apocalipse 12:10). Perseguindo os remanescentes da semente por 42 meses o dragão que estava preso por mil anos foi lançado a terra novamente.

Isso implicaria no fato que o diabo deveria estar preso amarrado com correntes antes do ano de 1914 para que ele não mais desencaminhasse a nação. Primero ele é preso e depois ele é solto.

E vi descer do céu um anjo que tinha a chave do abismo e uma grande cadeia na sua mão. Ele prendeu o dragão, a antiga serpente, que é o diabo e Satanás e amarrou-o por mil anos. E lançou-o no abismo e ali o encerrou e pôs selo sobre ele, para que mais não engane as nações, até que os mil anos se acabem. E depois importa que seja solto por um pouco de tempo" (Apocalipse 20:1-3). Curto período de tempo ou tempo abreviado.

"Eles, pois, o venceram devido ao sangue do Cordeiro e devido à palavra do testemunho que deram e, mesmo em face da morte, não amaram a própria vida.

Por isso, festejai, ó céus e vós, os que neles habitais.

Ai da terra e do mar, pois o diabo desceu até vós, cheio de grande cólera, sabendo que pouco tempo lhe resta" (Apocalipse 12:11-12).

Uma voz nos céus, um evento celestial.

Nos céus alegria, na terra grandes problemas.

Um curto período, ou um tempo ou abreviado.

Outros textos indicando um evento celestial.

Eu estava olhando nas minhas visões da noite e eis que vinha com as nuvens do céu um como o Filho do Homem e dirigiu-se ao Ancião de Dias e o fizeram chegar até ele.

O ancião de dias nos céus.

Foi-lhe dado domínio e glória e o reino, para que os povos, nações e homens de todas as línguas o servissem; o seu domínio é domínio eterno, que não passará e o seu reino jamais será destruído" (Daniel 7:13-14). Evento celestial.

Jesus virá como um ladrão à noite sem que ninguém perceba.

"Eis que venho como ladrão! Feliz aquele que permanece vigilante e conserva consigo as suas vestes, para não andar nu e não seja vista a sua vergonha" (Apocalipse 16:15).

"Interrogado pelos fariseus sobre quando viria o reino de Deus, Jesus lhes respondeu:

Não vem o reino de Deus com visível aparência.

Nem dirão 'Ei-lo aqui!' ou 'Lá está!', porque o reino de Deus está dentro de vós.

A seguir, dirigiu-se aos discípulos:

Virá o tempo em que desejareis ver um dos dias do Filho do Homem e não o vereis.

E vos dirão:

'Ei-lo aqui!' ou 'Lá está!'. Não vades nem os sigais; porque assim como o relâmpago, fuzilando, brilha de uma à outra extremidade do céu, assim será, no seu dia, o Filho do Homem" (Lucas 17:20-25).

Jesus também nos ensinou que, depois dessas tribulações que estavam determinadas para acontecer, todo olho verá somente depois dos acontecimentos relacionados com a grande tribulação.

"E, logo depois da aflição daqueles dias, o sol escurecerá e a lua não dará a sua luz e as estrelas cairão do céu e as potências dos céus serão abaladas.

Então aparecerá no céu o sinal do Filho do homem; e todas as tribos da terra se lamentarão e verão o Filho do homem, vindo sobre as nuvens do céu, com poder e grande glória" (Mateus 24:29-30).

Cronologia

Vamos agora colocar tudo em ordem cronológica, primeiro o pacto com Abraão, no ano de 1866 a.C., depois 1260 anos de pecados que o povo de Daniel cometeu contra a lei de Moisés, os quais Deus não quis mais perdoar, então eles foram para o cativeiro, no ano de 606 a.C., dando início de um período de 70 anos de cativeiro. Após esse período, Ciro, o Grande, decreta a libertação e a reconstrução do templo e da cidade de Jerusalém, no ano de 536 a.C. Ele deu a ordem para que a cidade e o templo fossem reconstruídos e que os exilados fazem libertos do cativeiro. No ano 457 a.C. inicia-se a reconstrução da cidade, dos muros e das praças, em tempo de aflição, terminando no ano de 408 a.C. A partir de então começa a se contar 434 anos para a chegada do ungido ou o batismo de Jesus, marcando o início da última semana da profecia, que tem um total de 1260 dias. Para cada ano dos pecados que o povo de Daniel cometeu, referente à primeira aliança, Jesus expiou por um dia, fazendo cessar os sacrifícios e as ofertas de manjares que eram necessários para purificação pelos pecados.

A partir do decreto de Ciro no ano 536 a.C., retrocedemos o número de anos referentes aos pecados do povo de Daniel, que foram 1260 anos. Chegamos ao ano de 1866 a.C. A partir do início do cativeiro babilônico avançamos no tempo um total de uma semana de 2520 anos, ou o dobro de tempo dado para Babilônia, a grande, e suas martirizes ou o dobro das pragas. "Tornai-lhe a dar como ela vos tem dado e retribuí-lhe em dobro conforme as suas obras; no cálice em que vos deu de beber, dai-lhe a ela em dobro" (Apocalipse 18:6).

Já que a primeira metade da semana teve um total de 1260 anos, o dobro de tempo tem 2520 anos, chegando ao ano de 1914.

O tempo de angústia

A partir de então começa o tempo de angústia. Jesus disse na parábola da figueira que quando víssemos todas estas coisas acontecendo, ele estaria às portas, mas a que coisas Jesus estava se referindo?

"Aprendei, pois, esta parábola da figueira:

Quando já os seus ramos se tornam tenros e brotam folhas, sabeis que está próximo o verão.

Igualmente, quando virdes estas coisas, sabeis que ele está próximo, às portas" (Mateus 24:32-33).

Que coisas são estas a que Jesus está se referindo? Essas coisas estão registradas no livro de Mateus 24.

"E, estando assentado no Monte das Oliveiras, chegaram-se a ele os seus discípulos em particular, dizendo:

Dize-nos, quando serão essas coisas e que sinal haverá da tua vinda e do fim do mundo?

E Jesus, respondendo, disse-lhes: acautelai-vos, que ninguém vos engane; porque muitos virão em meu nome, dizendo:

'Eu sou o Cristo' e enganarão a muitos.

E ouvireis de guerras e de rumores de guerras; olhai, não vos assusteis, porque é mister que isso tudo aconteça, mas ainda não é o fim.

Obs. Estas coisas estão acontecendo mais ainda não e o fim.

Porquanto se levantará nação contra nação e reino contra reino e haverá fomes e pestes e terremotos, em vários lugares.

Mas estas coisas são apenas o princípio de dores.

Então vos hão de entregar para serdes atormentados e matar-vos-ão; e sereis odiados de todas as nações devido ao meu nome.

Nesse tempo muitos serão escandalizados e trair-se-ão reciprocamente e mutualmente se odiarão.

E surgirão muitos falsos profetas e enganarão a muitos.

E, por se multiplicar a iniquidade, o amor de muito esfriará.

Mas aquele que perseverar até o fim, esse será salvo" (Mateus 24:3-13).

Jesus ainda disse que a geração da figueira não passaria sem que essas coisas acontecessem.

Logo, a partir de 1914, temos que encontrar todos esses aspectos falados por Jesus se cumprindo em um curto período de tempo.

O ano de 1914 as guerras e desolações estavam determinadas

O ano de 1914 marca um dos períodos sangrentos da história da humanidade. Da Primeira Guerra Mundial, também conhecida como Grande Guerra ou Guerra das Guerras, até o início da Segunda Guerra Mundial foi um conflito bélico global centrado na Europa, que começou em 28 de julho de 1914 e durou até 11 de novembro de 1918.

A guerra envolveu todas as grandes potências do mundo.

"Porquanto se levantará nação contra nação, reino contra reino" (Mateus 24:7).

Fomes e terremotos

❝E haverá fomes e terremotos em vários lugares" (Mateus 24:7).

Apesar de muitos casos de fome em massa coincidirem com falta de suprimentos alimentícios regionais ou nacionais, fome também tem ocorrido por atos econômicos ou política militar de privar certas populações de alimentos, o suficiente para garantir a sobrevivência.

Historicamente, a fome tem ocorrido devido a secas, falha de colheita, pestes e, também, por causas criadas pelo homem, como guerra ou políticas econômicas mal planejadas.

Durante o século XX, um estimado número de 70 milhões de pessoas morreram de fome em todo o globo, dos quais um estimado de 30 milhões morreram durante a fome de 1958-1961 na China.

Outros casos terríveis de fome ocorridos durante o século XX foram o desastre de 1942-1945, em Bengala, e vários casos de fome durante a União Soviética, incluindo o Holodomor, o caso de fome em massa de Josef Stalin, sofrido na Ucrânia entre 1932-1933.

Outros grandes casos de fome ocorreram pelo final do século XX, como o desastre no Camboja, na década de 1970, a fome de 1984-1985 na Etiópia e a falta de comida generalizada na Coreia do Norte durante a década de 1990. Fome em vários lugares.

Confira os cinco maiores terremotos já registrados na história:

- Valdivia, Chile, 1960 (magnitude 9,5);
- Alaska, EUA, 1964 (magnitude 9,2);
- Sumatra, Indonésia, 2004 (magnitude 9,1);
- Tohoku, Japão, 2011 (magnitude 9,1);
- Severo-Kurilsk, Rússia, 1952 (magnitude 9,0).

Esses são apenas alguns dos terremotos registrados durante um período curto de tempo.

Pestilências

São "doenças em grande escala" ou "epidemias". Dos três Evangelhos que registraram essa profecia de Jesus, apenas Lucas menciona que as pestilências fariam parte do "sinal" do tempo do fim.

"Haverá grandes terremotos e, num lugar após outro, falta de alimentos e pestilências" (Lucas 21:11).

Gripe pneumônica, peste pneumônica ou simplesmente pneumônica, a gripe espanhola foi uma violenta pandemia que atingiu o mundo em 1918-1919, provocando milhões de mortes, especialmente entre os setores jovens da população.

A Síndrome da Imunodeficiência Adquirida (AIDS) foi reconhecida em meados de 1981, nos EUA, a partir da identificação de um número elevado de pacientes adultos do sexo masculino, homossexuais e moradores de São Francisco ou Nova York, que apresentavam sarcoma de Kaposi, pneumonia por *Pneumocystis carinii* e comprometimento do sistema imune.

O ano de 2019 foi marcado na história da humanidade com o ano de umas das maiores epidemia que atingiu todo o planeta. Segundo a BBC News Brasil de 5 de maio de 2022, a pandemia de Covid-19 causou a morte de quase 15 milhões de pessoas em todo o mundo, como estima a Organização Mundial da Saúde (OMS).

Falsos profetas

❝ E surgirão muitos falsos profetas e enganarão a muitos" (Mateus 24:11).

Neste período de tempo tem acontecido o surgimento de várias teorias, como a da criação do mundo pelo Big Bang, que foi formulada na década de 1920 por meio de análises de outros estudos que descreviam o movimento do afastamento das galáxias.

Essas teorias têm afastado as pessoas de um Deus criador do universo. Um número cada vez maior de pessoas, milhões delas em todo o mundo, diz acreditar que a vida definitivamente acaba depois da morte e que não existe Deus nem um plano divino. Esse movimento parece estar ganhando força, aliás, em alguns países, o ateísmo assumido nunca foi tão popular.

A teoria de Charles Darwin, amplamente divulgada nas faculdades e livros, sobre a evolução das espécies, que seria natural, confrontada com criacionismo.

Essas teorias têm levado milhões de pessoas a não acreditarem em um Deus criador, mas sim em uma evolução natural das espécies.

Os seres humanos têm colocado as suas esperanças na ciência e na tecnologia, pesquisas sobre clonagem humana e células-tronco têm avançado no mundo todo iniciando uma era não mais da evolução das espécies, e sim da clonagem das espécies ou cópias.

Esses falsos "profetas", ou falsas teorias, têm levado milhões de pessoas pelo mundo ao afastamento da fé.

"Certa ocasião Jesus perguntou:

Acaso Deus não fará justiça aos seus escolhidos, que clamam a ele dia e noite? Continuará fazendo-os esperar?

Eu lhes digo: ele lhes fará justiça e depressa. Contudo, quando o Filho do homem vier, encontrará fé na terra?" (Lucas 18:7-8).

Essas teorias têm acabado com a fé de milhões de pessoas em todo o mundo.

Pessoas que tratam as Escrituras com zombarias têm se multiplicado pelo mundo, pessoas que não têm preocupação com o mal que podem estar causando ao seu próximo. Sobre isso, o livro de 2 Pedro 3:3-4 relata:

"Antes de tudo saibam que, nos últimos dias, surgirão escarnecedores zombando e seguindo suas próprias paixões.

Eles dirão: 'O que houve com a promessa da sua vinda? desde que os antepassados morreram, tudo continua como desde o princípio da criação'".

Isso parece bem evidente nos dias atuais, um número cada vez maior de pessoas com esse tipo de pensamento tem se multiplicado.

Eles não percebem que desde o princípio sempre houve guerras, fomes, terremotos pestilências, eles não observam o aumento da violência entre um período de tempo e outro, não percebem que as guerras antigas eram com espadas e machados, mas com o passar do tempo elas evoluíram para mosquetes, canhão, fuzil, metralhadoras, tanques de guerra, aviões, armas químicas e nucleares.

Não percebem que as doenças de que nunca ouviram falar anteriormente começam a surgir em todos os lugares, mas eles mesmos são os primeiros a se trancarem em casa, com medo do que possa acontecer. Quando elas aparecem, eles negam tudo isso ou não percebem o que está acontecendo em sua volta.

Outros fatos que devemos observar são o surgimento de grupos religiosos fundamentalistas, que acreditam serem os únicos ditos cristãos ou a única religião dita verdadeira que agrada a Deus na terra. Geralmente esses grupos estão ligados a alguma doutrina da lei antiga de Moisés, como se o sacrifício de Jesus tivesse sido para toda a humanidade, mas só servisse para eles.

"Jesus então nos alertou: Porque haverá muitos falsos Cristos e falsos profetas cujos grandes sinais enganariam, se possível, os próprios escolhidos de Deus.

Tenham cuidado, porque já vos avisei" (Mateus 24:24-25).

Referindo-se a essa geração, conhecida com geração da figueira ou a grande tribulação, Jesus disse:

"Com toda a certeza vos asseguro que alguns dos que aqui estão de modo algum passarão pela morte, até que vejam o Reino de Deus chegando com poder" (Marcos 9:1).

"Se alguém se envergonhar de mim e das minhas palavras, o Filho do homem se envergonhará dele, quando vier em sua glória e na glória do Pai e dos santos anjos.

Garanto-lhes que alguns que aqui se acham de modo nenhum experimentarão a morte antes de verem o Reino de Deus" (Lucas 9:26-27).

Muitos acreditam que Jesus está se referindo à geração do primeiro século, porém toda aquela geração experimentou a morte e não viu o poder do reino e a sua glória.

Mas então de que geração Jesus está falando?

Jesus deixa claro: geração da "figueira".

"E ele enviará os seus anjos com grande som de trombeta e estes reunirão os seus eleitos dos quatro ventos, de uma à outra extremidade dos céus".

Aprendam a lição da figueira [árvore]: quando seus ramos se renovam [brotam, crescem] e suas folhas começam a brotar, vocês sabem que o verão está próximo. Assim também, quando virem todas estas coisas [guerras, fomes, terremotos, pestes e falsos profetas], saibam que ele está próximo, às portas" (Mateus 24:31-33).

A árvore ou figueira que atingiu até os céus foi cortada no ano 606 a.c., brotaria novamente depois de 7 tempos ou uma semana, o que nos indica o ano de 1914 d.C. Por ocasião da volta de Cristo com poder e glória, pessoas dessa geração não experimentarão a morte.

Jesus disse que sobre aquele dia e àquela hora ninguém sabe. "Quanto ao dia e à hora ninguém sabe, nem os anjos dos céus, nem o Filho, senão somente o Pai" (Mateus 24:36).

Porém ele indicou que depois da tribulação daqueles dias ele estaria às portas, que pessoas da geração da figueira pessoas que estivem vivas por ocasião da sua vinda com poder e grande glória não conheceriam a morte.

Logo, podemos entender a brevidade da volta de Jesus como estando às portas.

Isso está de acordo com o que o texto de 1 Coríntios 15:52:

"Eis que eu lhes digo um mistério: nem todos dormiremos, mas todos seremos transformados, num momento, em um abrir e fechar de olhos, ao som da última trombeta.

Pois a trombeta soará, os mortos ressuscitarão incorruptíveis e nós seremos transformados. Pessoas desta geração da figueira não morrerão por ocasião da volta de Cristo com poder e grande glória.

Pois é necessário que aquilo que é corruptível se revista de incorruptibilidade e aquilo que é mortal se revista de imortalidade".

Foi isso que também o apóstolo Paulo escreveu aos Tessalonicenses:

"Irmãos, não queremos que vocês sejam ignorantes quanto aos que dormem, para que não se entristeçam como os outros que não têm esperança.

Se cremos que Jesus morreu e ressurgiu, cremos também que Deus trará, mediante Jesus e juntamente com ele, aqueles que nele dormiram.

Dizemos a vocês, pela palavra do Senhor, que nós, os que estivermos vivos, os que *ficarmos até a vinda do Senhor*, certamente não precederemos os que dormem.

Pois, dada a ordem, com a voz do arcanjo e o ressoar da trombeta de Deus, o próprio Senhor descerá do céu e os mortos em Cristo ressuscitarão primeiro. Depois disso, os que estivermos vivos seremos arrebatados juntamente com eles nas nuvens, para o encontro com o Senhor nos ares. E assim estaremos com o Senhor para sempre" (Tessalonicenses 4:13-17).

Em Mateus 24, a partir do versículo 23, podemos observar todos esses aspectos da profecia cumprindo-se a partir do ano de 1914. Jesus disse que se esse período não fosse abreviado, nenhuma carne sobreviveria, depois do advento da era industrial e nuclear, com certeza uma Terceira Guerra Mundial acabaria com o mundo conhecido de hoje, sem falar das ameaças globais com o aquecimento ou as mudanças climáticas que atingem o mundo todo. Com certeza, o mundo moderno não chegaria ao ano de 3174 d.C. Logo, esse período de tempo teria de ser abreviado, encurtado.

Período de tempo abreviado

Ora, se esse período não fosse abreviado, teríamos a última parte da semana, tendo um total de 1260 anos, o que nos levaria ao ano de 3174 d.C. (1914 + 1260 = 3174). Com certeza a humanidade não chegaria a esse tempo sem antes nos destruirmos ou por guerras ou por causas naturais com mudanças climáticas.

Observaremos agora quatro resultados matemáticos para a abreviação desse período de tempo de 1260 anos para 105 anos, o tempo da besta que subiu do abismo, ganhado fôlego de vida por uma hora, e os tempos dos gentios seriam de 42 meses. Ambos os tempos começariam partir do ano de 1914. Um se refere a um período de uma hora e o outro de 42 meses, ambos terminariam no mesmo ano de 2019. Com o período em que foi posta a abominação que causou a desolação de Jerusalém, no ano de 606 a.C., que seria um período de 1290 dias, seriam felizes o que chegassem aos 1335 dias (Daniel 12:11-12).

Jesus disse que após a tribulação daqueles dias, o sol, a lua e as estrelas cairiam do céu.

O sol, a lua e as estrelas cairão dos céus

> **E, *logo depois da aflição daqueles dias*, o sol escurecerá e a lua não dará a sua luz e as estrelas cairão do céu e as potências dos céus serão abaladas [terremotos]"** (Mateus 24:29).

O profeta Isaías escreveu que o reino de Deus seria restaurado comparando a luz de 7 anos com a luz de 7 dias.

"A luz da lua brilhará como o sol e *a luz do sol será sete vezes mais brilhante, como a luz de sete dias*" (Isaías 30:26). Ou seja, a luz do sol, 360 dias (um ano), igual à luz de 7 dias completos, quando o Senhor cuidar das contusões do seu povo e curar as feridas que lhe causou.

Uma referência à restauração do reino de Jerusalém.

Ou seja, a luz do sol 7 vezes maior é igual a 7 dias, 360 dias x 7 = 2520 dias.

Veja que nesse texto deixa claro que Jerusalém seria curada ou restaurada depois de apenas uma única semana completa de 7 dias, porém a luz desses 7 dias seria igual à luz de 7 anos (semanas de anos), ou seja, a luz de 7 dias equivaleria a luz de 7 anos.

A luz da lua brilhará como a luz do sol, ou seja, a luz da lua, dos meses, é igual à luz dos anos. Os meses representados pela luz da lua e os anos representados pela luz do sol.

Uma referência ao calendário lunisolar.

Um calendário lunissolar é um calendário que combina o ciclo da lua e do sol e que inclui um mês extra de tempos em tempos para sincronizar o calendário com o ano solar.

Ou seja, a luz de 1260 anos seria o mesmo que a luz de 1260 meses.

Esse texto nos mostra que a luz do sol deve ser compreendida como a luz dos anos e a luz da lua seria compreendida como a luz dos meses, logo podemos compreender que a luz da lua (meses) igual aos anos luz do sol 1260 meses iguais a 1260 anos.

A expressão "quando o sol, a lua e as estrelas caírem do céu" indica o fim da tribulação, logo está relacionada com a passagem do tempo ou o fim desse período de tempo.

Outro texto que indica passagem de tempo relacionado com a luz do sol, da lua e das estrelas está relacionado com envelhecimento e a morte, veja:

"Lembra-te também do teu Criador nos dias da tua mocidade, antes que venham os maus dias e cheguem os anos dos quais digas:

Não tenho neles contentamento; *antes que se escureçam o sol e a luz e a lua e as estrelas e tornem a vir as nuvens depois da chuva* 'que o tempo acabe'.

No dia em que tremerem os guardas da casa e se encurvarem os homens fortes e cessarem os moedores [dentes], por já serem poucos e se escurecerem os que olham pelas janelas [não conseguir enxergar].

E as portas da rua se fecharem devido ao baixo ruído da moedura e se levantar à voz das aves e todas as filhas da música se abaterem [não conseguir ouvir].

Como também quando temerem o que é alto e houver espantos no caminho e florescer a amendoeira e o gafanhoto for um peso e perecer o apetite [fraqueza]; porque o homem se vai à sua casa eterna [sepultura] e os pranteadores andarão rodeando pela praça [lamentando a morte].

Antes que se rompa o cordão de prata e se quebre o copo de ouro e se despedace o cântaro junto à fonte e se quebre a roda junto ao poço.

E o pó volte à terra, como o era e o espírito volte a Deus, que o deu" (Eclesiastes 12:1-7).

Observação: quando a luz do sol, das estrelas e da lua escurece, as pessoas morrem e o seu tempo acaba.

Agora temos a luz da lua igual à luz do sol.

Ou seja, a luz de 1260 meses igual à luz de 1260 anos.

Sabemos que os tempos dos gentios são iguais a 42 meses, ou seja, a luz da lua de 42 meses tem um total de 1260 dias, que seriam iguais a anos, ou seja (regra para cada dia um ano), luz do sol, 1260 anos.

Se abreviássemos o tempo de 1260 anos para 1260 dias, teríamos um período muito curto de tempo, de 3,5 anos, que começaria no ano de 1914 e terminaria no ano de 1917, o que não faz sentido.

Agora, transformando a luz do sol, ou seja, dos 1260 anos, em 1260 meses, temos a seguinte conclusão: 1260 anos transformados em 1260 meses. A luz da lua igual à luz do sol.

Quantos anos temos em 1260 meses? 1260 meses multiplicado por 30 dias são iguais a 37800 dias e 37800 dias dividido por 360, ou por um ano judaico, dá um total de 105 anos. Dessa forma, nós teríamos o ano de 1914 com mais 105 anos, chegando ao ano de 2019.

Temos então um padrão de 1260 dias representado pelas estrelas do céu, 1260 anos representado pela luz do sol e 1260 meses representado pela luz da lua. Quando o sol, a lua e as estrelas caírem do céu. 105 anos é um curto período de tempo em relação ao período de 1260 anos.

Intervalo de tempo de 105 anos.

(1914 + 105 anos = ano de 2019)

1260 anos abreviados para 1260 meses

1914 --- 2019

Geração da figueira

Outro resultado igual é quando calculamos o tempo por meio das asas das abominações ou feras que causaram a desolação de Jerusalém.

Agora entenderemos melhor o porquê das duas asas de águias do leão e das quatro asas do leopardo, de Daniel 7:4-6, e o fato de o leão ter ficado de pé, com um coração de homem e depois no ano 606 a.C. Nabucodonosor teve o coração retirado de posto, um coração de animal ou de uma ou fera ou besta.

Levando em consideração que nessas asas estariam o tempo do percurso, do leão até o leopardo, em duas delas teríamos o número de 630 anos em cada asa, somando um total de 1260 anos. 1260 anos divido em duas asas do leão é igual a 630 anos.

Já do leopardo, percorrendo o percurso até a chegada do reino, no ano de 1914, tendo em vista que os outros animais não teriam asas, teríamos um total de quatro asas, cada asa com um total de 630 anos em cada asa, somando ao todo 2520 anos.

Até o ano de 606 o leão tinha coração de homem retirado e foi posto um coração de animal em Nabucodonosor, rei de Babilônia, tornando-o com aparência de uma besta.

"Seja mudado o seu coração, para não ser mais coração de homem e lhe seja dado coração de animal; e passem sobre ele sete tempos" (Daniel 4:16).

"E serás tirado dentre os homens e a tua morada será com os animais do campo; far-te-ão comer erva como os bois e passar-se-ão sete tempos sobre ti, até que conheças que o Altíssimo domina sobre o reino dos homens e o dá a quem quer" (Daniel 4:25).

Novamente no capítulo 4 do livro de Apocalipse temos figuras de animais, agora com seis asas cada um.

"O primeiro ser vivente é semelhante a leão, o segundo, semelhante a novilho, o terceiro tem o rosto como de homem, e o quarto ser vivente é semelhante à águia quando está voando.

E os quatro seres viventes, tendo cada um deles, respectivamente, seis asas, estão cheios de olhos, ao redor e por dentro; não têm descanso, nem de dia, nem de noite ['*O tempo não para nem de dia e nem de noite*'] proclamando:

Santo, Santo, Santo

É o Senhor Deus, o Todo-Poderoso,

Aquele que era, que é e que há de vir.

Quando esses seres viventes derem glória, honra e ações de graças ao que se encontra sentado no trono, ao que vive pelos séculos dos séculos" (Apocalipse 4:7-9).

O primeiro é semelhante à visão do leão do capítulo sete de Daniel, de 1866 a.C. a 606 a.C. Leão com 6 asas vezes 105 anos somam um total de 630 anos. E 105 anos é o mesmo que 1260 meses. A luz da lua igual à luz do sol.

O segundo é semelhante ao Nabucodonosor comendo palha como um boi.

A partir do ano 606 a.C., o novilho teria 6 asas vezes 105 anos em cada asa é igual a 630 anos. 105 anos é igual a 1260 meses, a luz da lua igual à luz do sol.

O terceiro é semelhante ao filho do homem. Jesus com 6 asas vezes 105 anos é igual a 630 anos, e 105 anos são iguais a 1260 meses, a luz dos 105 anos são iguais à luz dos 1260 meses, os dois períodos juntos dão um total de 2520 meses, a luz da lua igual à luz do sol.

O quarto é semelhante à águia no deserto, no ano de 1914 a águia volta a cuidar dos sus filhotes. 6 asas da águia vezes 105 anos em cada asa somam um total de 630 anos e 105 anos são iguais a 1260 meses, a luz da lua igual à luz do sol.

Um tempo, dois tempos e metade de um tempo. Daniel 12:6-8.

A luz do sol é igual à luz da lua.

A luz dos anos é igual à luz dos meses.

Os intervalos eram de 1260 anos, que são equivalentes a 1260 meses.

Egito   Babilônia

Coração de homem, leão – coração de animal: Babilônia leopardo.

Temos a seguinte configuração:

1260 meses tempo, 2520 meses ou o dobro do tempo e 1260 meses metade de um tempo que foi cortado.

Apenas uma hora

Agora vamos calcular o período de apenas uma hora, já que a besta receberia o reino com os reis da terra por uma hora.

A besta foi ferida de morte.

A primeira besta, a do mar, é descrita como sendo leão, urso e leopardo, feridos de morte.

No capítulo 12 de Apocalipse, temos uma mulher vestida de sol com a lua sobre seus pés, sendo perseguida pelo dragão no deserto durante 1260 dias, sendo o equivalente a 1260 anos. Jesus expia pecados do povo de Daniel, a ferida de morte foi curada.

Os pecados que eles tinham cometido, do período de 1866 a.C. ao início do cativeiro babilônico em 606 a.C., são expiados.

A mulher de Jerusalém passa a se "prostituir" com as nações, com Babilônia e as suas meretrizes, ou seja, com os medos, os persas, os gregos e os romanos, e ainda seria pisada pelos gentios por 42 meses.

"E veio um dos sete anjos que tinham as sete taças e falou comigo, dizendo-me: vem, mostrar-te-ei a condenação da grande prostituta que está assentada sobre muitas águas; com a qual fornicaram os reis da terra; e os que habitam na terra se embebedaram com o vinho da sua fornicação.

E levou-me em espírito a um deserto e vi uma mulher assentada sobre uma besta de cor escarlata, que estava cheia de nomes de blasfêmia e tinha sete cabeças e dez chifres.

E a mulher estava vestida de púrpura e de escarlata e adornada com ouro e pedras preciosas e pérolas; e tinha na sua mão um cálice de ouro cheio das abominações e da imundícia da sua fornicação;

E na sua testa estava escrito o nome:

Mistério, a grande Babilônia, a mãe das prostituições e abominações da terra" (Apocalipse 17:1-5).

No ano de 606 a.C., a besta recebe poder, o povo de Daniel vai para o cativeiro. A mulher começa a se prostituir com as nações.

"Se alguém leva em cativeiro, em cativeiro irá; se alguém matar à espada, necessário é que à espada seja morto" (Apocalipse 13:10).

Surge a outra besta, da terra.

"E vi subir da terra outra besta e tinha dois chifres semelhantes aos de cordeiro; e falava como o dragão [nações que perseguiam a mulher anteriormente].

"E exerce todo o poder da primeira besta [ou seja, do Egito da Assíria e da Babilônia a besta do mar] na sua presença e faz com que a terra e os que nela habitam adorem a primeira besta, cuja chaga mortal fora curada" (Apocalipse 13:11-12).

O reino da Babilônia durou até o ano de 539 a.C.

A besta com dois chifres, semelhante a um cordeiro, ou seja, o carneiro de 2 chifres assume o poder, no caso, os medos e os persas, no ano de 539 a.C.

"A besta da terra é queimada no fogo junto do animal com chifre pequeno, que falava blasfêmia" (Daniel 7:11).

A besta do mar volta do abismo.

"A besta que viste foi e já não é e há de subir do abismo e irá à perdição; e os que habitam na terra cujos nomes não estão escritos no livro da vida, desde a fundação do mundo se admirarão, vendo a besta que era e já não é, ainda que é" (Apocalipse 17:8).

"E a besta que era e já não é, é ela também o oitavo e é dos sete e vai à perdição.

E enganar os que habitam na terra com sinais de que lhe foi permitido que fizesse em presença da besta, dizendo aos que habitam na terra que fizessem uma imagem à besta que recebera a ferida da espada e vivia.

E lhe foi dado comunicar fôlego à imagem da besta, para que não só a imagem falasse, como ainda fizesse morrer quantos não adorassem a imagem da besta.

A todos, os pequenos e os grandes, os ricos e os pobres, os livres e os escravos, faz que lhes seja dada certa marca sobre a mão direita ou sobre a fronte, para que ninguém possa comprar ou vender, senão aquele que tem a marca, o nome da besta ou o número do seu nome.

Aqui está a sabedoria.

Aquele que tem entendimento calcule o número da besta, pois é número de homens" (Apocalipse 13:15-18).

O número que os homens calculam são datas. Dias, meses e anos!

Esse número aparece entre as datas de 1866 e 606.

Nomes: Egito, Assíria e Babilônia.

Besta do Mar

1866 -- 606

666

Do ano de 606 a.C. ao ano de 1914, a besta percorre um total de 2520 anos.

O Reino de Deus é restaurado nas nuvens dos céus, Jesus assume o trono como um ladrão de noite.

O Diabo ou o dragão foi lançado à terra, para perseguir os remanescentes de semente tendo um curto período, ou um tempo abreviado, para desencaminhar as nações, ou seja, agora o dragão que anteriormente perseguia a mulher no deserto passa a perseguir os gentios, e seria uma perseguição tão grande que se possível desencaminharia até os escolhidos.

Este período de tempo também é descrito como o de Grande Apostasia do ano de 1914 d.C. ao ano de 2019 d.C.

A Grande Apostasia é um termo usado por algumas religiões para descrever um período de afastamento dos princípios bíblicos ou o afastamento da fé em Deus e em Jesus Cristo.

"Ninguém de maneira alguma vos engane; porque não será assim sem que antes venha a apostasia, e se manifeste o homem do pecado, o filho da perdição" (2 Tessalonicenses 2:3-4)

O reino dos céus deveria ter sido restaurado no ano de 1914, depois de uma semana de 2520 anos, porém foi concedido um período equivalente a uma hora a mais para a besta. E um outro período de 42 meses equivalente a 1260 anos, porém este período de tempo ainda seria abreviado ou encurtado.

Foi lhe dado fôlego de vida por uma hora, se todo o percurso que ela percorreu do ano de 606 a.C. ao ano de 1914 d.C. foi de 2520 anos e ela receberia mais uma hora, basta verificarmos esse período de 2520 anos e dividirmos por horas.

Um dia tem um total de 24 horas, logo, se pegarmos 2520 anos e dividirmos por horas, ou seja, por 24 horas, teremos o período equivalente a uma única hora. 2520 anos dividido por 24 horas são iguais a 105 anos.

Ou seja, 105 anos é o equivalente a um período de apenas uma a hora a mais de todo o percurso que ele percorreu do ano de 606 a.C ao ano de 1914 d.C. nas quatro asas do leopardo (Babilônia) 630 x 4 = 2520 anos. Quando o reino deveria ter sido restaurado, mas foi acrescentado um período de tempo com os reis da terra por uma hora.

Podemos então conferir três formas de abreviação do tempo, de 1260 anos para 1260 meses, de 2520 anos para apenas 1 hora, sendo o equivalente a 105 anos, 630 anos em cada asa dos animais, tendo 6 asas, ou seja, um total de 105 anos em cada asa o equivalente a 1260 meses. Mais à frente, vamos observar outra evidência do tempo de 105 anos, quando verificarmos os 1290 dias e os 1335 dias.

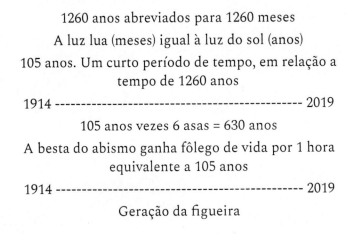

1260 anos abreviados para 1260 meses
A luz lua (meses) igual à luz do sol (anos)
105 anos. Um curto período de tempo, em relação a tempo de 1260 anos
1914 -- 2019
105 anos vezes 6 asas = 630 anos
A besta do abismo ganha fôlego de vida por 1 hora equivalente a 105 anos
1914 -- 2019
Geração da figueira

Referindo-se à geração, Jesus disse que todas aquelas coisas referentes ao capítulo 24 de Mateus aconteceriam durante este período, que são estas coisas: levantar-se-ia nação contra nação, reino contra reino, haveria terremotos, em um lugar logo após outro, falsos profetas, fome e epidemias.

Jesus disse que depois da tribulação daqueles dias, quando esses tempos terminassem, seria como se a luz do Sol (que nesse caso representa 1260 anos), da lua (que representa os 1260 meses) e das estrelas (que seriam iguais a 1260 dias) se apagassem e caíssem do céu, assim como quando uma pessoa nasce e morre.

Olhar para a figueira

Agora vamos olhar para a figueira. "Quando vedes que estas coisas estão acontecendo, sabeis que está próximo.

Assim também vós: quando virdes estas coisas, sabei que está próximo, às portas.

Em verdade vos digo que não passará esta geração sem que tudo isto aconteça" (Mateus 24:33-34).

Jesus fez referência à geração da grande tribulação, ou a geração da figueira, um tempo em que aconteceriam essas coisas, mas não seria o fim.

Como vimos, essas coisas aconteceram durante a geração de 1914 a 2019. Agora vamos continuar olhando para a figueira e o ano de 2019, afinal, este não foi um ano comum para a humanidade, este ano marcaria o fim da atribuição, quando o sol, a lua e as estrelas cairiam do céu e os poderes dos céus seriam abalados, marcando o começo de outra profecia.

Mas antes, vamos conferir mais um resultado de 105 anos e a geração que não passaria sem ver a volta de Cristo com seus anjos, poder e grande glória.

As 2300 tardes e manhãs e os 1290 dias com os 1335 dias

Daniel teve uma visão sobre as 2300 tardes e manhãs, um anjo informou que a visão é para muitos dias à frente, a visão da tarde e da manhã que foi falada é verdadeira.

"A visão das tardes e das manhãs que você recebeu é verdadeira; sela porém a visão, pois refere-se ao futuro distante" (Daniel 8:26).

"Depois ouvi um santo que falava; e disse outro santo àquele que falava:

Até quando durará a visão do sacrifício contínuo e da transgressão assoladora, para serem entregues o santuário e o exército, a fim de serem pisados? E ele me disse:

Até duas mil e trezentas tardes e manhãs; e o santuário será purificado" (Daniel 8:13-14).

Jerusalém começou a ser pisada pelas nações, no ano de 606 a.C., os sacrifícios contínuos foram parados e o santuário e o exército foram entregues para serem pisados, pelas nações. A primeira nação que pisou em Jerusalém foram os babilônios, seguidos dos medos e dos persas, depois dos gregos e romanos. A profecia ainda indica que Jerusalém seria pisada pelas nações até a entrada da plenitude dos gentios.

"Porque não quero, irmãos, que ignoreis este segredo para que não presumais de vós mesmos:

Que o endurecimento veio em parte sobre Israel, até que a plenitude dos gentios tenha entrado.

E assim todo o Israel será salvo, como está escrito: de Sião virá o libertador e desviará de Jacó as impiedades.

E esta será a minha aliança com eles, quando eu tirar os seus pecados" (Romanos 11:25-27).

Ou seja, primeiro tivemos metade de uma semana, o equivalente a 1260 anos, depois os 7 tempos de Daniel no capítulo quatro, ou uma semana de Daniel no capítulo nove, referente à Babilônia, a grande, e as suas matrizes, ou 7 dias de Isaías 30:26. A luz do sol seria igual à luz de 7 dias, ou seja, a luz de 7 anos seria igual à luz de 7 dias.

Depois teríamos um período conhecido como os tempos dos gentios, descrito no livro de Apocalipse como sendo de 42 meses, ou de 3,5 anos, o que seria a outra metade da última semana de Daniel, capítulo nove.

Durante o período de 606 a.C. ao ano de 2019 d.C., o santuário teria ficado desolado, ficou impuro, sendo pisado por Babilônia, a grande, e as suas meretrizes e ainda seria pisado pelos gentios por 42 meses, o equivalente a 1260 anos abreviados para 1260 meses, que são iguais a 105 anos

O anjo informa que, depois que fosse posta a abominação da desolação, haveria um período de 2300 tardes e manhãs para que o santuário fosse purificado.

Agora nos resta saber quanto tempo duraria a abonação da desolação de Jerusalém, até agora vimos que duraria um total de 2520 anos, do ano de 606 a.C. ao ano de 1914 d.C. com mais 105 anos que foram abreviados de 1260 anos para 1260 meses, que em anos são iguais a 105 anos.

Somando todos estes tempos, temos um total de 2520 + 105 = **a 2625 anos.**

Daniel capítulo 12: 11-12 nos mostra que o total deste período de tempo seria de:

"E desde o tempo em que o sacrifício contínuo for tirado, e posta a abominação desoladora, haverá mil duzentos e noventa dias.

Bem-aventurado o que espera e chega até mil trezentos e trinta e cinco dias".

Somando os tempos temos o total de 1290 com os 1335 = **a 2625 anos**. Cálculos idênticos.

Mas por que o anjo teria divido estes períodos de tempo? Por que seriam felizes os que chagassem aos 1335 dias?

Observamos que o padrão de tempo é de 1260 dias, porém cada dia equivale a um ano, logo 1290 anos menos 1260 anos ultrapassam em um total de 30 anos.

1355 anos menos 1260 anos ultrapassam um total de 75 anos.

Somando as diferenças temos um total de 105 anos, ou seja, o anjo já nos deu o tempo total da desolação de Jerusalém já com a última parte da semana abreviado (2520 + 105) um total de 2625 anos.

Agora vamos adicionar o tempo que ultrapassou os 2520 anos, ou seja, 30 anos ao ano de 1914,

1914 mais 30 anos é igual ao ano de 1944. Esta parte da geração do ano de 1914 ao ano de 1944 não seria uma geração muito feliz, por quê? Muitos já estariam mortos por ocasião da vinda de Cristo.

Já a geração do ano de 1944 com mais 75 anos seriam a geração feliz, porque chegariam ao ano de 2019 ou ao fim dos 1335 anos.

Portanto, esta deve ser a geração que Jesus se referiu que não conheceria a morte por ocasião da sua vinda com poder e grande glória.

E estas devem ver as boas novas do Reino de Deus que seriam pregadas em toda a terra abitadas antes de vir o fim?

Esta geração de 1944 a 2019 é a que não morrerá! Mas será transformada, apta a estar na vida eterna com os ressuscitados. A respeito da volta de Jesus, ninguém sabe o dia ou a hora. Por isso, vale a pena o questionamento: será que a nossa geração é aquela que não passará pela morte? Ou ainda tardará muito a volta de Jesus?

Isso é o que eu chamo de boas novas do reino de Deus a ser pregada em toda a terra habitada.

Mateus 24:14 diz que o evangelho do reino será pregado em todo o mundo, como testemunho a todas as nações, e que depois disso virá o fim: "E este evangelho do reino será pregado em todo o mundo, em testemunho a todas as nações, e então virá o fim".

Figueira floresce

Agora vamos olhar para a figueira no livro de Apocalipse 6:12-16.
Esse capítulo faz referência ao que acontece quando a figueira floresce e os seus frutos são sacudidos.

"E, havendo aberto o sexto selo, olhei e eis que houve um grande tremor de terra; e o sol tornou-se negro como saco de cilício e a lua tornou-se como sangue;

E as estrelas caíram sobre a terra, como quando a figueira lança de si os seus figos verdes, abalada por um vento forte. Os poderes dos céus foram abalados. E logo depois da aflição daqueles dias, o sol escurecerá e a lua não dará o seu resplendor e as estrelas cairão do céu e os poderes dos céus serão abalados" (Mateus 24:29).

Note a referência do sol, a lua apagando a sua luz e as estrelas caindo do céu.

Uma referência ao que acontece depois da tribulação daqueles dias, o sol, a lua e as estrelas caindo do céu, porque a figueira foi balançada com figos verdes **antes de estarem maduros**, referindo-se ao tempo abreviado por causa dos escolhidos, hora da colheita, hora da purificação.

O texto continua nos mostrando o que vai acontecer depois disso.

"E o céu retirou-se como um livro que se enrola; e todos os montes e ilhas foram removidos dos seus lugares.

Ilhas e montes são referência dos reinos da terra ou podemos disse bestas da terra.

Aqui o sentido, que tem sabedoria" (Apocalipse 17:9).

As sete cabeças são sete "montes", sobre os quais a mulher está assentada.

Os sete montes seriam Egito, Assíria, Babilônia, os medos, persas, gregos e romanos.

Besta do mar e bestas da terra.

"E são também sete reis; cinco já caíram e um existe; outro ainda não é vindo; e, quando vier, convém que dure um pouco de tempo [tempo abreviado um curto período de tempo 105 anos]" (Apocalipse 17:10).

Os cinco reis, os reinos ou bestas que tinham caído na época em que o apóstolo João escreveu o livro de Apocalipse seriam: os egípcios (leão), os assírios (urso), os babilônios (leopardo), os medos e os persas (carneiro com dois chifres) e os gregos (bode peludo). O livro foi escrito durante o período de tempo do império romano (chifres pequenos), ou seja, o sexto reino era o reino existente no período em questão, "...a besta que era e já não é, é ela também o oitavo reino e procede dos sete e vai à perdição" (Apocalipse 17:11).

Logo, temos seis feras (leão, urso, leopardo, carneiro, bode, o chifre pequeno) perseguindo o povo de Deus durante três períodos distintos de tempo. 666 é o número dela, o nome dela está inscrito na testa da Babilônia, a grande mãe das meretrizes e as coisas repugnantes de terra. Deus da Babilônia em hebraico, na Gematria, é igual a 666:

B -A -B- Y- L - O - N - S - G - O - D

2 + 1 + 2 + 400 + 20 + 50 + 40 + 90 + 7 + 50 + 4 = 666.

Gematria é o método hermenêutico de análise das palavras bíblicas somente em hebraico, atribuindo um valor numérico definido a cada letra. É conhecido como "numerologia judaica" e existe na Torá, mais conhecido como Pentateuco, os cinco primeiros livros da Bíblia Sagrada[9].

---

[9] Veja mais em: https://www.gematrix.org/?word=babylons%20god.

Nessa visão parece que João entende que o reino dos medos e dos persas seria apenas um único reino, por isso o império romano é contado com sendo o sexto reino em vez do sétimo e a besta, que era, mas não é, procede de sete reinos e não de seis reinos, sendo ela mesma e o oitavo reino.

Se não fosse assim, o livro de Apocalipse teria que ser escrito durante o período dos gregos e não dos romanos.

Logo, esses montes foram removidos do lugar. O reino da besta, que estava no abismo, constitui um período de apenas 1 hora, ou seja, um curto período de tempo, ou um tempo abreviado em relação ao período de tempo de 1260 anos.

Esse período de tempo também não ultrapassa uma geração, observando o livro de Gênesis, indica que o homem viveria até 120 anos. Deus afirma que o homem viveria até 120 anos conforme está escrito em Gênesis 6:3: "O meu Espírito não continuará com o homem, visto que ele é todo mau. Ele só viverá 120 anos". O texto continua.

Esconderam-se em cavernas

> E os reis da terra e os grandes e os ricos e os tribunos e os poderosos e todo o servo e todo o livre, se esconderam nas cavernas e nas rochas das montanhas" (Apocalipse 6:15).

Depois que esses "montes", reinos foram removidos, todas as pessoas do planeta começaram a se esconder em cavernas e nas rochas das montanhas. A partir de 2019 foi solta uma praga no ar semelhante à última praga do Egito, em que morriam apenas os primogênitos ou os mais velhos das famílias.

"E o sétimo anjo derramou a sua taça no ar e saiu grande voz do templo do céu, do trono, dizendo:

Está feito.

E houve vozes e trovões e relâmpagos e houve um grande terremoto, como nunca houve desde que há homens sobre a terra; tal foi este tão grande terremoto.

E a grande cidade [Jerusalém] fendeu-se em três partes e as cidades das nações caíram; e da grande Babilônia se lembrou Deus, para lhe dar o cálice do vinho da indignação da sua ira.

E toda a ilha fugiu; e os montes não se acharam" (Apocalipse 16:17-20). Os reinos não se acharam mais.

A cidade santa de Jerusalém é medida em tempos. Por exemplo, os 42 meses dos tempos dos gentios.

Três partes: primeira parte, de 1866 a 606, tempo de Jerusalém; segunda parte, de 606 a 1914, tempo de Babilônia e das suas meretrizes, 7 tempos ou uma semana; terceira parte, de 1914 a 2019, tempo dos gentios já abreviado.

Esses textos indicam certa praga solta no ar, como no texto da figueira, sendo sacudido por um terremoto, marcando a queda de Babilônia ou o fim dos "montes" reinos.

A partir de 2019, pela primeira na história da humanidade, todas as pessoas do planeta, os ricos, os pobres, as autoridades, foram convidadas a ficarem em suas "casas" ou "cavernas".

"Os reis da terra, os grandes, os comandantes, os ricos, os poderosos e todo escravo e todo livre se esconderam nas cavernas[10] [casas] e nos penhascos e montes e disseram aos montes [nações] e aos rochedos:

Caí sobre nós e escondei-nos do rosto daquele que está assentado sobre o trono e da ira do Cordeiro" (Apocalipse 6:15-16).

"Porque é vindo o grande dia da sua ira; e quem poderá subsistir?" (Apocalipse 6:17).

---

[10] Na bíblia, a palavra caverna era frequentemente usada como moradia (Números 24:21; Cânticos 2:14; Jeremias 49:16; Obadias 1:3). Fossos ou covas nas rochas também eram às vezes usados como prisões (Isaías 24:22; 51:14; Zacarias 9:11). Aquelas que tinham nichos nas laterais eram usadas como locais de sepultamento (Ezequiel 32:23; Jo 11:38).

Fechamento de todo o comércio

A queda de Babilônia coincide com o fechamento de todo o comércio do mundo e ninguém poderá comprar ou vender se não tiver certa marca ou a autorização dos governos.

"Ora, chorarão e se lamentarão sobre ela os reis da terra, que com ela se prostituíram e viveram em luxúria, quando virem a fumaceira do seu incêndio, e, conservando-se de longe, pelo medo do seu tormento, dizem: Ai! Ai! Tu, grande cidade, Babilônia, tu, poderosa cidade! Pois, em **uma só hora**, chegou o teu juízo" (Apocalipse 18:9-10).

"E, sobre ela, choram e pranteiam os mercadores da terra, porque já ninguém compra a sua mercadoria, mercadoria de ouro, de prata, de pedras preciosas, de pérolas, de linho finíssimo, de púrpura, de seda, de escarlata; e toda espécie de madeira odorífera, todo gênero de objeto de marfim, toda qualidade de móvel de madeira preciosíssima, de bronze, de ferro e de mármore; e canela-de-cheiro, especiarias, incenso, unguento, bálsamo, vinho, azeite, flor de farinha, trigo, gado e ovelhas; e de cavalos, de carros, de escravos e até almas humanas.

O fruto sazonado, que a tua alma tanto apeteceu [dinheiro], se apartou de ti e para ti se extinguiu tudo o que é delicado e esplêndido e nunca, jamais, serão achados.

Os mercadores destas coisas, que por meio dela se enriqueceram, conservar-se-ão de longe, pelo medo do seu tormento, chorando e pranteando, dizendo:

Ai! Ai da grande cidade, que estava vestida de linho finíssimo, de púrpura e de escarlata, adornada de ouro e de pedras preciosas e de pérolas porque, em uma só hora, ficou devastada tamanha riqueza!

E todo piloto e todo aquele que navega livremente e marinheiros e quantos labutam no mar conservaram-se de longe.

Então, vendo a fumaceira do seu incêndio, gritavam

Que cidade se compara à grande cidade?

Lançaram pó sobre a cabeça e, chorando e pranteando, gritavam: Ai! Ai da grande cidade, na qual se enriqueceram todos os que possuíam navios no mar, à custa da sua opulência, porque, em uma só hora, foi devastada!

Exultai sobre ela, ó céus e vós, santos, apóstolos e profetas, porque Deus contra ela julgou a vossa causa" (Apocalipse 18:11-20).

A partir do ano de 2019, o comércio do mundo todo foi afetado, portos, aeroportos e empresas foram fechados ou proibidas de funcionarem.

Os 144 mil selados

O capítulo 7 do livro de Apocalipse ainda nos mostra que, depois desses acontecimentos, ou da grande tribulação daqueles dias, haveria quatro anjos nos quatro cantos da terra, segurando os quatro ventos para que nenhum mal fosse causado à terra.

Jesus disse também que, depois da tribulação, os anjos ajuntariam os seus escolhidos.

"E ele enviará os seus anjos e reunirá os seus eleitos dos quatro ventos, dos confins da terra até os confins do céu" (Marcos 13:27).

"E depois destas coisas [grande tribulação] vi quatro anjos que estavam sobre os quatro cantos da terra, retendo os quatro ventos da terra, para que nenhum vento soprasse sobre a terra, nem sobre o mar, nem contra árvore alguma. Começo da purificação ou colheita separação.

E vi outro anjo subir do lado do sol nascente e que tinha o selo do Deus vivo; e clamou com grande voz aos quatro anjos, a quem fora dado o poder de danificar a terra e o mar, dizendo: Não danifiqueis a terra, nem o mar, nem as árvores, até que hajamos selado nas suas testas os servos do nosso Deus" (Apocalipse 7:1-3).

Ano de 1914: quinto selo.

"E ouvi o número dos selados e eram cento e quarenta e quatro mil selados, de todas as tribos dos filhos de Israel" (Apocalipse 7:1-4).

Estes são os que estão debaixo do altar dizendo:

"Quando ele abriu o quinto selo [1914], vi debaixo do altar as almas daqueles que haviam sido mortos por causa da palavra de Deus e do testemunho que deram. Antiga aliança primeira testemunha.

Eles clamavam em alta voz: Até quando, ó Soberano santo e verdadeiro, esperarás para julgar os habitantes da terra e vingar o nosso sangue?

Então cada um deles recebeu uma veste branca e foi-lhes dito que esperassem um pouco mais [curto período de tempo ou tempo abrevia 105 anos], até que se completasse o número dos seus conservos e irmãos, que deveriam ser mortos como eles" (Apocalipse 6:9-11).

Estes escolhidos são citados por Jesus no livro de Mateus capítulo 24. Eles deveriam aguardar um total de 1260 anos, mas por causa deles o tempo seria abreviado. "Por causa dos escolhidos, os dias serão abreviados" é uma frase do versículo 22 do Evangelho de Mateus, na Bíblia. Veja: "E, se aqueles dias não fossem abreviados, nenhuma carne se salvaria; mas por causa dos escolhidos serão abreviados aqueles dias".

Ano de 2019: sexto selo.

"Observei quando ele abriu o sexto selo. Houve um grande terremoto. O sol ficou escuro como tecido de crina negra, toda a lua tornou-se vermelha como sangue e as estrelas do céu caíram sobre a terra como figos verdes caem da figueira quando sacudidos por um vento forte. O céu foi se recolhendo como se enrola um pergaminho e todas as montanhas e ilhas foram removidas de seus lugares [queda dos reinos]" (Apocalipse 6:12-14).

A grande multidão

66 Depois destas coisas [tribulação, queda da Babilônia, grande tribulação], olhei e eis aqui uma multidão, a qual ninguém podia contar, de todas as nações e tribos e povos e línguas, que estavam diante do trono e perante o Cordeiro, trajando vestes brancas e com palmas nas suas mãos.

E clamavam com grande voz, dizendo: Salvação ao nosso Deus, que está assentado no trono e ao Cordeiro.

E todos os **anjos estavam ao redor do trono** e dos anciãos e dos quatro animais; e prostraram-se diante do trono sobre seus rostos e adoraram a Deus, dizendo: Amém. Louvor e glória e sabedoria e ação de graças e honra e poder e força ao nosso Deus, para todo o sempre. Amém.

E um dos anciãos me falou, dizendo: Estes que estão vestidos de vestes brancas, quem são e de onde vieram?

E eu disse-lhe: Senhor, tu sabes. E ele disse-me: Estes são os que **vieram da grande tribulação e lavaram as suas vestes e as branquearam no sangue do Cordeiro**" (Apocalipse 7:14).

"Por isso estão diante do trono de Deus e o servem de dia e de noite no seu templo; e aquele que está assentado sobre o trono os cobrirá com a sua sombra.

Nunca mais terão fome, nunca mais terão sede; nem sol nem calma alguma cairá sobre eles.

Porque o Cordeiro que está no meio do trono os apascentará e lhes servirá de guia para as fontes vivas das águas; e Deus limpará de seus olhos toda a lágrima" (Apocalipse 7:9-17).

Conservos gentios ajuntados aos 144.000 seriam mortos durante a grande tribulação, seriam reunidos aos 144.000 de baixo do altar, estes são os que passaram pela grande tribulação e foram escolhidos por Deus ou ajuntados aos 144.000 para serem reis e sacerdotes comprados da terra.

"E cantavam um novo cântico, dizendo: Digno és de tomar o livro, e de abrir os seus selos; porque foste morto, e com o teu sangue nos compraste para Deus de toda a tribo, e língua, e povo, e nação;

E para o nosso Deus nos fizeste reis e sacerdotes; e reinaremos sobre a terra". (Apocalipse 5: 9-10)

Estes que estão debaixo do trono são os 144.000 que foram mortos antes da grande tribulação, teriam que aguardar mais um curto período de tempo até ser ajuntado um número indefinido de gentios mortos durante a grande tribulação.

Sermão do monte

No sermão do monte, Jesus disse que durante a tribulação daqueles dias haveria muitos falsos profetas que desencaminhariam muitos, ele nos alertou de antemão para nos afastarmos destes.

"Nesse tempo, muitos hão de se escandalizar, trair e odiar mutuamente; levantar-se-ão muitos falsos profetas e enganarão a muitos.

E, por se multiplicar a iniquidade, o amor se esfriará de quase todos.

Aquele, porém, que perseverar até o fim, esse será salvo" (Mateus 24:10-13).

Jesus quis dizer com isso que aqueles que resistissem aos falsos profetas, durante esse período até o fim, seriam os salvos.

Servo fiel e prudente

No mesmo capítulo 24 de Mateus, versículos 45-51, Jesus fala de outro tempo, um tempo em que seria apropriado e que surgiriam os escravos fiéis e prudentes e esses escravos dariam alimento ou ensino em um tempo apropriado para isso.

"Quem é, pois, o servo fiel e prudente a quem o Senhor confiou os seus conservos [escolhidos] para dar-lhes o sustento a seu tempo?

Bem-aventurado aquele servo a quem seu senhor, quando vier, achar fazendo assim.

Em verdade vos digo que lhe confiará todos os seus bens.

Mas, se aquele servo, sendo mal, disser consigo mesmo:

Meu senhor demora-se e passar a espancar os seus companheiros e a comer e beber com ébrios, virá o senhor daquele servo em dia em que não o espera e em hora que não sabe e castigá-lo-á, lançando-lhe a sorte com os hipócritas; ali haverá choro e ranger de dentes".

Selada para um tempo apropriado

O próprio anjo revela a Daniel que essas profecias estavam seladas ou fechadas, para serem abertas em um tempo apropriado.

"Ele respondeu: Vai, Daniel, porque estas palavras estão encerradas e seladas até o tempo do fim.

Muitos serão purificados, embranquecidos e provados; mas os perversos procederão perversamente e nenhum deles entenderá, mas os sábios entenderão" (Daniel 12:9-10).

Ainda sobre a purificação no livro de Apocalipse, é exemplificado assim:

"Continue o injusto fazendo injustiça, continue o imundo ainda sendo imundo; o justo continue na prática da justiça e o santo continue a santificar-se.

E eis que venho sem demora e comigo está o galardão que tenho para retribuir a cada um segundo as suas obras.

Eu sou o Alfa e o Ômega, o Primeiro e o Último, o Princípio e o Fim.

Bem-aventurados aqueles que lavam as suas vestiduras no sangue do Cordeiro, para que lhes assista o direito à árvore da vida e entrem na cidade pelas portas.

Fora ficam os cães, os feiticeiros, os impuros, os assassinos, os idólatras e todo aquele que ama e pratica a mentira.

Eu, Jesus, enviei o meu anjo para vos testificar estas coisas às igrejas.

Eu sou a Raiz e a Geração de Davi, a brilhante Estrela da manhã.

O Espírito e a noiva dizem:

Vem! Aquele que ouve, diga: vem! Aquele que tem sede venha e quem quiser receba de graça a água da vida" (Apocalipse 22:11-17).

Aqui termina o assunto.

A seguir, algumas fontes cronológicas de pesquisas usadas neste trabalho. Com outras interpretações mais conhecidas popularmente.

DE ADÃO À PROMESSA A ABRAÃO

a.C.	AM	Factos bíblicos
4004	0	O dia em que Deus criou o homem (Adão)
4003	1	Nascimento de Caim?
	2	Nascimento de Abel?
3875	129	Caim mata Abel
3874	130	Adão viveu 130 anos e gerou Sete (Gn5:3)
3769	235	Sete viveu 105 anos e gerou a Enos (Gn 5:6)
3679	325	Enos viveu 90 anos e gerou Cainã (Gn 5:9)
3609	395	Cainã viveu 70 anos e gerou a Maalaleel Gn 5:12)
3544	460	Maalaleel viveu 65 anos e gerou a Jerede (Gn 5:15)
3382	622	Jared viveu 162 anos e gerou a Enoque (Gn 5:18)
3317	687	Enoque viveu 65 anos e gerou Metusalém (Gn 5:21)
3130	874	Metusalém viveu 187 anos e gerou a Lameque (Gn 5:25)
3074	930	Morte de Adão. Viveu 930 anos (Gn5:5).
3017	987	Morte de Enoque. Viveu 365 anos (Gn 5:23-24).
2962	1042	Morte de Sete. Viveu 912 anos (Gn5:8)
2948	1056	Lameque viveu 182 anos e gerou Noé (Gn 5:28-29)
2864	1140	Morte de Enos. Viveu 905 anos (Gn 5:11)
2769	1235	Morte de Cainã. Viveu 910 anos (Gn 5:14)
2714	1290	Morte de Maalaleel. Viveu 895 anos (Gn5:17)
2582	1422	Morte de Jared. Viveu 962 anos (Gn 5:20).
2448	1556	Era Noé da idade de 500 anos e gerou a Sem, Cam e Jafeth. [Nasce Cam] (Gn 5:32)
2446	1558	Nasce Sem (Sem era da idade de 100 anos quando gerou Arfachad, 2 anos depois do dilúvio. (Gn 11:10)
2353	1651	Morte de Lameque. Viveu 777 anos (Gn 5:31).
2348	1656	Morte de Metusalém. Viveu 969 anos. No ano 600 da vida de Noé, aos 17 d do 2º mês, as águas do **dilúvio** inundaram a terra (Gn 7:11).

O SACRIFÍCIO: AS SETENTA SEMANAS DE DANIEL

2347	1657	No primeiro dia do primeiro mês do ano 601 [da vida de Noé] as águas se secaram de sobre a terra. Noé removeu a coberta da arca. Eis que o solo estava enxuto (Gn 8:13). Aos 27 dias do segundo mês, a terra estava seca (Gn 8:14). Noé sai da arca.
2346	1658	Sem era da idade de 100 anos quando gerou a **Arfachad** 2 anos depois do dilúvio (Gn 11:10).
2311	1693	Viveu Arfachad 35 anos e gerou Sela (Gn 11:12).
2281	1723	Viveu Sela 30 anos e gerou a Héber (Gn 11:14).
2247	1757	Viveu Héber 34 anos e gerou Peleg (Gn 11:16). A Héber nasceram dois filhos: um teve por nome Peleg, porquanto em seus dias se repartiu a terra e o nome de seu irmão foi Joctan (Gn 11:16; 10:25).
2217	1787	Viveu Peleg 30 anos e gerou Reú (Gn 11:18).
		Torre de Babel (Gn 11:1-9)
2185	1819	Viveu Reú 32 anos e gerou a Serug (Gn 11:20).
2155	1849	Viveu Serug 30 anos e gerou Naor (Gn 11:22).
2126	1878	Viveu Naor 29 anos e gerou a Tera (Gn 11:24).
	1948	Viveu Terá 70 anos e gerou a Abrão, Naor e Haran. [Nasce Haran.] Abrão não é o primogénito; nasce em 2008 (Gn 11:26).
2008	1996	Morte de Peleg com 239 anos (Gn 11:18-19).
2007	1997	Morte de Naor, pai de Terá, com 148 anos (Gn 11:24-25).
1998	2006	Ano da morte de Noé. Viveu 950 anos (Gn 9:29).
1996	2008	Nasce Abrão (data calculada, assumindo que Abrão saiu de Harã depois da morte de Terá, tendo Abrão 75 anos). Ano da morte de Terá 2083 menos 75. (Gn 11:31-32; 12:1-4; At 7:1-4)
1987	2018	Nascimento de Sara (tinha 90 anos quando nasceu Isaque) (Gn17:17)
	?	Haran, irmão (mais velho) de Abrão morre em Ur (Gn 11:28).
	?	Abrão casa com Sarai e Naor com Milca, que é filha de Harã (Gn 11:29), irmã de Ló.
	?	Terá sai de Ur dos caldeus para Canaã, ficando em Harã. Levou consigo Abrão e Sarai, mulher de Abrão, e Ló, filho de Haran, que morrera em Ur (Gn 11:31)
1978	2026	Morte de Reú com 239 anos (Gn 11:20-21).
1955	2049	Morte de Serug com 230 anos (Gn 11:22-23).
1921	2083	Morte de Terá. Viveu 205 anos ao todo. **Saída de Abrão para Canaã. Idade: 75 anos.** Recebe a promessa quando chega a Canaã (Gn 11:32; Gn 12:1-4; At 7:5). Ponto de partida dos 430 anos, isto é: da confirmação da aliança até à lei (Gal 3:17; Ex 12:41).

DA PROMESSA AO EXODO: 430 ANOS

a.C.	AM	Factos bíblicos
1921	2083	Morte de Terá. Viveu 205 anos ao todo (Gn 11:32). Abrão sai de Haran para Canaã. Idade: 75 anos (Gn 12:-4). Recebe a promessa quando chega a Canaã (Gn 12: At 7:5). Ponto de partida dos 430 anos, isto é: da confirmação da aliança até à lei (Gal 3:17; Ex 12:41).
		Abrão desce ao Egipto (Gn 12:10-20). Abrão regressa do Egipto, muito rico em gado, prata e ouro (Gn 13:1-5) e vai até Betel. Abrão e Loth separam-se. Abrão habitou nos carvalhais de Mamre, junto a Hebron (Gn 13:6-18) Guerra de Chedorlaomer, rei de Elam, e confederados contra os reis de Sodoma, Gomorra, Admah, Zeboiim e Bela. Loth é tomado cativo. Abrão persegue-os e torna a trazer Loth. Melquisedec, rei de Salem, abençoa Abrão (Gn 14). Deus faz aliança com Abrão e disse: Peregrina será a tua semente, em terra que não é sua, e serví-los-ão; e afligí-los-ão 400 anos; e a quarta geração tornará para cá (Gn 15:13-16; Atos 7:6)
	2093	Sara deu Hagar por mulher a Abrão, depois de ter ele habitado 10 anos na terra de Canaã. Abrão tem 85 anos (Gn 16:3).
1910	2094	Nascimento de Ismael. Abrão tem 86 anos (Gn 16:16).
1908	2096	Morte de Arfachad com 438 anos (35 + 403). (Gn 11:12-13)
1897	2107	Abrão, 99 anos: aparece o Senhor como El Shadai e muda-lhe o nome para Abraão. Instituição da circuncisão. Ismael tem 13 anos (Gn 17) Destruição de Sodoma e Gomorra (Gn 18-19) Abraão habitou entre Cades e Sur; e peregrina em Gerar. Abimelech (filisteu, Gn 21:32) é rei de Gerar. (Gn 20)
1896	2108	**Nasce Isaac.** Tinha Abraão 100 anos (Gn 21:5), Sara 90 (Gn 17:17).
1891	2113	Isaac desmamado aos 5 anos. Abraão dá um grande banquete (Gn 21:8). Isaa torna-se então oficialmente herdeiro e semente de Abraão (Gn 21.12). Ismae é rejeitado como herdeiro. Gn 15:13 - Deus dissera a Abraão que a sua posteridade será peregrina em terra alheia, reduzida à escravidão e afligida, por 400 anos (Gn 15:13; At 7:6). A partir daqui contam-se 400 anos. Os 430 anos (Gl 3:17) incluem os anos de peregrinação de Abraão a partir da promessa: a lei veio 430 anos depois.
	?	Sacrifício de Isaac (Gn 22).
1878	2126	Morte de Sela. Sela viveu 433 anos (Gn 11:14-15)
1860	2145	Morte de Sara. Idade: 127 anos. Morreu em Quiriate-Arba, Hebron (Gn 23:1

1856	2148	Era Isaac de 40 anos quando tomou por esposa a Rebeca (Gn 25:20).
1846	2158	Morte de Sem com 600 anos (Gn 11:11).
1836	2168	Era Isaac de 60 anos quando Rebeca deu à luz Jacob e Esaú (Gn 25:26).
1821	2183	Morte de Abraão. Idade: 175 anos (Gn 25:7)
1817	2187	Morte de Héber. Héber viveu 464 anos (Gn 11:16-17)
1796	2208	Tendo Esaú 40 anos tomou por esposa Judite e Basemate, filhas de Hete (Gn 26:34).
1773	2231	Morre Ismael com 137 anos (Gn 25:17).
1759	2245	Jacob recebe a bênção de Isaac e vai a Padan-Aram (Gn 28-29). Isaac envelhecido e cego; tem 137 anos. Morrerá aos 180.
		Jacob tem 77 anos. Jacob casa com Lea e Raquel.
1758	2246	Nascimento de Ruben, filho de Lea (Gn 29:32).
1757	2247	Nascimento de Simeão, filho de Lea (Gn 29:33).
1756	2248	Nascimento de Levi, filho de Lea (Gn 29:34).
1755	2249	Nascimento de Judá, filho de Lea (Gn 29:35).
1754	2250	Nascimento de Dan, filho de Bila; nascimento de Gade, filho de Zilpa (Gn 30:1-11). Nascimento de Naftali, filho de Bila, serva de Raquel; nascimento de Aser, filho de Zilpa, serva de Lea (Gn 30:12-13).
	2252	Nasce Issacar, filho de Lea (Gn 30:16-17).
	2253	Nasce Zebulon, filho de Lea (Gn 30:19-20).
1750	2254	Nasce Diná, filha de Lea (Gn 30:21).
1745	2259	Nasce José, filho de Raquel. Jacob serviu Labão 14 anos quando José nasceu. Depois do nascimento de José, Jacob pede a Labão para voltar à sua terra. Mas Labão insiste para que fique. (Gn 30:23-34)
1739	2265	Jacob regressa a Canaã, depois de servir a Labão 20 anos = 7+7+6 (Gn 31:38-41). Passagem do vau de Jaboque; Jacob luta com o anjo (Gn 32). Encontro com Esau (Gn 33).
	2266	Episódio com Diná? (Gn 34). Nascimento de Benjamim e morte de Raquel (Gn 35:16-19).
1728	2276	José tinha 17 anos quando foi vendido aos egípcios (Gn 37:2).
1716	2288	Foram os dias de Isaac 180 anos. Esaú e Jacob o sepultaram (Gn 35:27-29).

1715	2289	Era José da idade de 30 anos quando se apresentou a Faraó. José passou ao todo 13 anos, na casa de Potifar e na prisão (Gn 41:46). Início do tempo de fartura Nascem Manassés e Efraim durante os 7 anos de fartura (Gn 41:50-53).
1708	2296	Fim dos 7 anos de fartura (Gn 41:53)
1707	2297	Primeira viagem dos filhos de Jacob ao Egipto
1706	2298	2º ano de fome. A família de Jacob vai comprar comida no Egipto. Chegada de Jacob ao Egipto tinha ele 130 anos. José tinha então 39 anos. No ano que foram para o Egipto, faltavam 5 anos de fome (Gn 45:6; 47:9).
1689	2315	Jacob viveu 17 anos no Egipto. Todos os dias de Jacob foram 147 anos (Gn 47:28).
1635	2369	Morre José. Viveu 110 anos. (Gn 50:22, 26). Há 64 anos entre a morte de José e o nascimento de Moisés.
1619	2385	Morte de Levi. Viveu 137 anos (Ex 6:16). Falecido José, seus irmãos e toda aquela geração, levantou-se um novo rei que não conhecera a José (Ex1:6, 8).
1574	2430	Nascimento de Aarão. (Sabemos que Aarão morreu com 123 anos no 40º ano da saída do Egito.) (Num 33:38)
1571	2433	**Nascimento de Moisés.** (Sabemos que Moisés morreu com 120 anos no 40º ano do deserto.) (Dt 34:7)
	2471	Nascimento de Josué.
L531	2473	Moisés foge para Midian.
L529	2475	Nascimento de Calebe. (Calebe tinha 40 anos em Cades-Barneia quando foi enviado para espiar a terra). (Js 14:7)
	2512	Chamada de Moisés em Horebe. Moisés volta ao Egipto. Primeiras pragas. (Ex 3)
1491	2513	**Saída do Egipto** (Ex 12:40-41). A lei veio 430 anos depois da promessa (Gl 3:17; Ex 12:40-41).

DO ÊXODO AO 4º ANO DE SALOMÃO: 480 ANOS (1Rs 6:1)

a.C.	AM	Factos bíblicos
1491	2513	Este mês [Abib] vos será o principal dos meses: será o primeiro mês do ano (Ex 12:2). 14 de Abib: sacrifício do cordeiro no crepúsculo da tarde. Comeram a Páscoa cingidos, sandálias nos pés. À meia-noite, feriu o Senhor todos os primogénitos do Egipto (Ex 12)
1491	2513	15 de Abib. O povo de Israel partiu de Ramsés no dia seguinte à Páscoa (Num 33:3). De Ramsés foram para Sucote, onde acamparam (Nm 33:5).
		De Sucote, partiram para Etam, que está no fim do deserto (Nm 33:6). Em Etam receberam ordem para retroceder para Pi-Hairoth, que está defronte de Baal-Zefon, e acamparam-se junto ao mar, diante de Migdol, entre Migdol e o mar (Nm 33:7; Ex 14:1). Partiram de Hairote, passaram pelo meio do mar ao deserto.
		Começa o primeiro ano do deserto. 1º mês no deserto. Depois de terem andado caminho de 3 dias no deserto de Etam, acamparam-se em Mara, onde as águas eram amargas (Ex 15:22-26). Vieram a Elim, onde havia 12 fontes e 70 palmeiras. Partiram de Elim. Acamparam-se junto ao Mar Vermelho (Num 33:10) 2º mês. Chegaram ao deserto de Sim, que está entre Elim e Sinai, aos 15 dias do 2º mês depois que saíram do Egipto (Ex 16:1) Murmuração no deserto. Deus manda codornizes. O maná. Instituição do sábado (Ex 16). Partiram do deserto de Sin. Acamparam em Refidim, onde não havia água para o povo beber (Ex 17:1-7; Num 33:14). Moisés fere a rocha em Horebe. O lugar é chamado Massá e Meribá (Ex 17:1-7) Amaleque pelejou contra Israel em Refidim (Ex 17:8-16). Visita de Jetro, sacerdote de Midian, sogro de Moisés. Por conselho de Jetro constituiu cabeças sobre o povo, para julgar (Ex 18) No 3º mês da saída do Egipto, no mesmo dia (dia 15), vieram ao deserto de Sinai. Acamparam defronte do monte (Ex 19:1) Deus ensina os estatutos e a lei (Ex 20-31). A lei veio 430 anos depois da promessa (Gl 3:17) 5º? mês. Episódio do bezerro de ouro (Ex 32) Fabrico do mobiliário a artefactos do tabernáculo.

490	2514	Segundo ano do deserto.
		1º mês, 1º dia. Levantou-se o tabernáculo (Ex 40:2, 17).
		1 mês, 14º dia. Celebração da Páscoa (Nm 9)
		2º mês, 1º dia. Deus ordena a Moisés de levantar o censo de toda a congregação dos filhos de Israel, segundo a casa de seus pais, contando todos os homens, nominalmente, cabeça por cabeça, da idade de 20 anos e para cima (Nm 1)
		Organização do acampamento.
		Naasson, filho de Aminadab, é príncipe de Judá (Nm 2)
		2º mês, 20º dia. A nuvem se ergueu de sobre o tabernáculo. Puseram se em marcha pela primeira vez, segundo o mandado do Senhor e na ordem do arraial, até ao deserto de Paran (Num 10:11-28)
		Partiram do monte do Senhor, caminho de 3 dias (Num 10:33)
		O povo queixou-se. Acendeu-se a ira do Senhor e fogo consumiu extremidades do arraial, pelo que chamou aquele lugar Taberá (Nm 11:1-3).
		O povo chora por carne. Um vento do Senhor trouxe codornizes do mar. O Senhor feriu-os com praga muito grande, pelo que o nome daquele lugar se chamou Quibroth-Hataava (Nm 11; 33:16).
		De Quibrote-Taavá, partiram para Hazeroth (Nm 11:35; 33:17).
		Murmuração de Miriam e Aarão contra Moisés (Nm 12).
		Partiram de Hazeroth e acamparam-se no deserto de Paran (Nm 12:16).
	2514	5º ou 6º mês (Ab ou Elul).
		Do deserto de Paran - Cades-Barneia - Moisés envia espias a Canaã. Eram os dias das primícias das uvas (agosto, segundo Jamieson, Fausset & Brown). (Mn 13; Dt 1:20-). Voltaram depois de 40 dias.
		Nessa altura, Calebe tinha 40 anos (Js 14:10)
		Depois da recusa de entrarem na terra prometida, O Senhor manda o povo mudar de rumo e caminhar para o deserto pelo caminho do Mar Vermelho (Num 14:25; Dt 1:40, 46; 2:1) - isto é, para Sul - . Num 32:8-13
		Jornadas no deserto até regressar a Cades (Nm 33:37).

1452	2552	40º ano do deserto.
		1º mês. Partiram de Eziom Geber e acamparam no deserto de Zim. O povo ficou em Cades (Nm 33:36; Nm 20:1).
		Miriam morre em Cades (Nm 20:1).
		Contenda das águas de Meribá (Nm 20:2-13).
		De Cades, Moisés enviou mensageiros ao rei de Edom, pedindo permissão para passar pela terra dos filhos de Esaú (Esaú=Edom). Edom recusou e Israel desviou-se dele (Nm 20:14-21).
		Então partiram de Cades e foram ao monte de Hor, nos confins da terra de Edom.
	2552	5º mês (Ab), 1º dia. Aarão morre no monte de Hor. Tinha 123 anos (Nm 20:22-29; 33:38-39). Eleazar recebe as vestes de Aarão.
		Israel chora a Aarão 30 dias (Nm 20:29)
		6º mês. Israel peleja contra o cananeu, rei de Arade, que habitava no Neguebe, e destrói-o em Horma. Foi a primeira vitória de Israel. (Nm 21:1-3)
		Então partiram do monte Hor, pelo caminho do Mar Vermelho, a rodear a terra de Edom. Isto é, voltaram para sul, a caminho de Elate e Eziom-Geber, na ponta norte do golfo de Aqaba, para depois seguir novamente em direção norte a caminho do deserto de Moabe. (Nm 21:4; Dt 2:4-8)
		Passagem do ribeiro de Zered. O ribeiro de Zered desagua no extremo sul do Mar Morto, vindo do oriente, e formava a fronteira sul da região de Moabe (Dt2:13-14).
		O tempo que caminharam desde Cades-bárnea, quando os espias voltaram de espiar a terra (2º ano - 2514), até passarem o ribeiro de Zered foram 38 anos até que toda a geração do deserto se consumiu (Dt 2:14)
		Passaram os territórios de Moab, até chegarem ao ribeiro de Arnom, fronteira entre Moabe e os amorreus. A norte do Arnom era território do rei de Seom, amorreu (Dt 2:24; Nm 21:13).
		Israel pediu passagem a Seom, rei dos amorreus, mas não lhe foi concedida (Nm 21:21-35).
	2552	Israel conquistou a terra de Seom, desde o Arnom até ao ribeiro de Jaboque. A primeira grande batalha e vitória contra Seom foi em Jaza; depois tomaram todas as suas cidades; e assim Israel habitou na terra dos amorreus.

		Depois subiram o caminho de Basan, mais a norte e a oriente do território de Amon, e feriram a Og, rei de Basan, e tomaram posse da sua terra. É toda esta região que conquistaram que fiaria mais tarde de posse para Ruben, Gad, e a meia tribo de Manassés (Nm 21:33-35; Dt 3:1-11).
		Acamparam nas campinas de Moab, junto ao Jordão, na altura de Jericó. Balac chama Balaão para amaldiçoar Israel (Nm 22-24)
		O povo começou a prostituir-se com as filhas dos moabitas o que provocou uma praga (Baal-Peor) (Nm 25).
		Passada a praga, o Senhor ordena a Moisés e Eleazar levantar o censo. Entre os que foram contados, nenhum houve dos que foram contados por Moisés e Aarão no 2º ano do deserto (Nm 26:64)
		10º mês. Última campanha militar liderada por Moisés contra os midianitas, para tomarem vingança por causa do caso de Baal-Peor (Nm 31).
		11º mês, 1º dia. Moisés fala com o povo (Dt 1:3).
	2552	12º mês. 7º dia?. Morte de Moisés com 120 anos (Dt 34:7).
		Luto de 30 dias (Dt 34:7-8).
1451	2553	1º mês, 10º dia. Passagem do Jordão. Faltavam apenas 5 dias para 40 anos completos (Js 4:19)
		Conquista de Jericó.
		Conquista da terra (7 anos): Ai, Maquedá, Libna, Laquis, Eglon, Hebron, Debir (Js 10)
		Jabin, rei de Azor, junta vários reis do norte junto às águas de Meron, contra Israel. A Azor, Josué queimou com fogo (Js 11)
1445	2559	Início da divisão da terra no 7º ano da passagem do Jordão (Js 14-17) Calebe tem 85 anos (Js 14:10). Tinha 40 no 2º ano do deserto, em Cades-Barneia. "Havendo destruido 7 nações na terra de Canaã, deu-lhes essa terra por herança, vencidos cerca de 450 anos" (At 13:17-20), desde o nascimento de Isaac aproximadamente.
1444	2560	Tabernáculo transferido de Gilgal para Siloh depois que a terra ficou sujeitada diante deles (Js 18:1).
		Divisão da herança às remanescentes 7 tribos (Js 18:2).
		Js 18-19
1424	2580	Data aproximada da morte de Josué com a idade de 110 anos. *(Seder Olam, fonte extra-bíblica, atribui 28 anos à liderança de Josué.)* (Js 24:29; Jz 2:8)
		Tempo dos anciãos depois de Josué.
		O sacerdote Mica da tribo de Dan (Jz 17-18)
		A concubina do levita (Jz 19-21)

O SACRIFÍCIO: AS SETENTA SEMANAS DE DANIEL

1420	2584	Os filhos de Israel entregues nas mãos de Cusan-Risataim, rei da Mesopotâmia/Síria ... a quem serviram 8 anos. (Jz 3:5-8)
1412	2592	Libertação por Otniel. Julgado de Otniel (Jz 3:5-11) A terra sossegou. (Restam 32 dos 40 anos)
1380	2624	Os filhos de Israel tornaram a fazer o que era mau; o Senhor deu poder a Eglom, rei dos moabitas, que ajuntou consigo os filhos de Amom e os amalequitas. Israel serviu a Eglom 18 anos. (Jz 3:14)
1362	2642	Levantou-se Eúde, que subjugou os moabitas. Assim foi Moabe subjugado, e a terra ficou em paz. (Jz 3:15-30) A terra sossegou. (Restam 62 dos 80 anos)
	?	Julgado de Samgar, filho de Anath; libertou Israel dos filisteus (Jz 3:31).
1300	2704	Os filhos de Israel entregues nas mãos de Jabim, rei de Canaã, que reinava em Hazor. Por 20 anos oprimiu duramente a Israel. (Jz 4-5)
1280	2724	Débora, profetisa, julgava Israel naquele tempo. Mandou chamar a Baraque, que convocou Zebulon e Naftali. Sísera é morto por Jael, mulher de Héber, queneu. Cada vez mais a mão dos filhos de Israel prevalecie contra Jabim rei de Canaã, até que o exterminaram. A terra ficou em paz. (Restam 20 dos 40 anos)
1260	2744	Servidão sob os midianitas por 7 anos (Jz 6:1).
1253	2751	Gideão é chamado para libertar Israel. Foram abatidos os midianitas diante dos filhos de Israel e nunca mais levantaram a cabeça. Ficou a terra em paz nos dias de Gideão (nos 33 dos 40 anos). (Jz 6-8)
1220	2784	Abimeleque, filho de Gideão/Jerubaal dominou 3 anos sobre Israel (Jz 9:22).
1219	2785	Nasce Eli. (morreu com 98 anos - 1Sm 4:15).
1217	2787	Depois de Abimeleque, julgou Tola 23 anos e morreu (Jz 10:1-2)
1194	2810	Depois dele se levantou Jair, gileadita, e julgou a Israel 22 anos e morreu (Jz 10:3-5).
1172	2832	Começo da opressão (18 anos) dos filisteus e dos filhos de Amon, além do Jordão em Gilead (Jz 10:8).
1161	2843	Começo do julgado de Eli, enquanto sacerdote (1Sm 4:18).
1152	2852	Jefté, gileadita, livra Israel 300 anos depois da conquista de Hesbon (em 2552 AH). Quando o rei de Amom acampa-se contra Israel, alegando que Israel lhe tomou Hesbon quando Israel saíu do Egipto. Jefté responde que Israel já habita há 300 anos em Hesbon e em Aroer (Jz 11:26). Hesbon e Aroer foram conquistados pouco antes de entrarem em Canaã, no 40º ano (Nm 21:21-31).

		Jefté julga 6 anos.
1146	2858	Início do julgado de **7 anos** de **Ibsá** (Jz 12:8-10).
1141	2863	Início dos 40 anos de domínio dos filisteus (data calculada a posteriori, conhecendo a data do fim do domínio filisteu em Ebenezer, deduzindo 40 anos (Jz 13:1).
1139	2865	Início do julgado de **10 anos** de **Elom** (Jz 12:11-12).
1129	2875	Início do julgado de **8 anos** de **Abdom** (Jz 12:13-15).
1122	2882	Derrota em Ebenezer: a arca é capturada pelos filisteus (1Sm 4). Morte de Eli com 98 anos (1Sm 4:15).
1121	2883	Início do julgado de **20 anos** de **Sansão**. Sansão começa a livrar Israel da mão dos filisteus (Jz 13:5) Samuel terá sido juiz simultaneamente com Sansão: - Julgou Samuel todos os dias da sua vida a Israel (1Sm 7:15). A arca regressa depois de 7 meses (1Sm 6:1), no tempo da sega do trigo (1Sm 6:13), e fica em Quiriath-jearim.
1101	2903	Sansão, na sua morte faz cair o templo de Dagon e mata muitos filisteus (Jz 16:23-31). Os filhos de Israel saem contra os filisteus e obtêm a vitória em Ebenezer, depois de a arca estar 20 anos em Quiriath-jearim (1Sm 7:2). Fim do domínio de 40 anos dos filisteus.
1095	2909	Início do reinado de Saul. Reina 40 anos (At 13:21). Nasce Is-Bosete, filho de Saul. Saul derrota os amonitas. Deus confirma o reino, mas o povo é avisado com chuva e trovões no tempo da sega dos trigos (1Sm 11:12-25), que é no final de junho, início julho, equivalente ao 4º mês (Tammuz)
	2910	Um ano reinara Saul em Israel. No segundo ano do seu reinado, Saul não espera por Samuel como tinha sido ordenado, pelo que não subsistirá o seu reino (1Sm 13).
1085	2919	Nasce David (tinha 30 anos quando começou a reinar em Hebron no ano 2949) (2Sm 5:4).
1070	2934	David ungido por Samuel em segredo (1Sm 16)
1067	2937	David mata Golias
1065	?	David foge de Saul (1Sm 19-30).
1060	2944	Morte de Samuel (1Sm 25:1).
	2946	David passou para os filisteus, para Aquis, rei de Gath, que lhe deu a cidade de Siclag, onde David habitou um ano e 4 meses (1Sm 27).
1056	2948	Os filisteus fazem guerra a Israel. Morte de Saul e de Jónatas, Abinadab e Malquisua, filhos de Saul (1Sm 31). Saul reinou 40 anos (At 13:21). Mefiboseth, filho de Jónatas, tem 5 anos de idade (2Sm 4:4)

O SACRIFÍCIO: AS SETENTA SEMANAS DE DANIEL

a.C.	AM	Factos bíblicos
1055	2949	David começa a reinar em Hebron. Reina 7 anos e 6 meses sobre a casa de Judá (2Sm 2:1-4, 11).
		Is-Bosete, filho de Saul (idade 40 anos), é constituído rei sobre Gilead, os assuritas, Jezreel, Efraim, Benjamim e todo o Israel (2Sm 2:8-10).
		Guerra civil entre a casa de Saul e a casa de David (2Sm 3:1).
	2951	Abner, chefe do exército de Saul, faz aliança com David para unir todo o Israel debaixo do governo de David (Sm 3:7-21)
		Joabe, chefe do exército de David, mata Abner por vingança pela morte de Asael, seu irmão (2Sm 3:22-39).
		Is-Bosete é assassinado depois de reinar 2 anos (2Sm 2:10; 4).
		Os anciãos de Israel foram ter com David em Hebron, e ungiram David rei sobre Israel (2Sm 5:1-3).
		Filhos que nasceram a David em Hebron: Amnom, Quileabe, Absalão, Adonias, Sefatias, Itreão (2Sm 3:2-5).
1048	2956	David toma a Jerusalém aos jebuseus e reina 33 anos em Jerusalém (2Sm 5:4-9).
	2972	Nascimento de Salomão
1027	2977	Ao cabo de 40 anos: rebelião de Absalão (2Sm 15:7).
1016	2988	Nasce Roboão (começou a reinar com 41 anos de idade)
1015	2989	Adonias procura usurpar o reino (1Rs 1:5-19)
		David assegura ainda em vida que Salomão seja o seu sucessor. Salomão é ungido rei (co-rex) (1Rs 1:32-40).
	2989	Morte de David.
	2989	1º ano de Salomão.
1012	2992	4º ano de Salomão. No ano de 480 depois do êxodo (ano 2513 + 480-1 anos), começou-se a edificar a casa do Senhor, no mês de Ziv (2º mês) (1Rs 6:1).

DE SALOMÃO AO FIM DA MONARQUIA: 36 + 390 ANOS

a.C.	AM	Factos bíblicos
1015	2989	1º ano de Salomão.
	?	O rei do Egipto subiu e tomou a Gezer, queimou-a a fogo e matou os cananeus que moravam na cidade, e a deu em dote à sua filha, mulher de Salomão (1Rs 9:16).
1012	2992	4º ano de Salomão. No ano de 480 depois do êxodo (ano 2513 + 480-1 anos), começou-se a edificar a casa do Senhor, no mês de Ziv (2º mês). (1Rs 6:1)
1005	2999	11º ano de Salomão. No 7º mês (Etanim) fizeram subir a arca para o templo, seguido da dedicação do templo. No 8º mês (Bul) "se acabou esta casa, com todas as suas dependências, e com tudo o que lhe convinha" (1Rs 6:37-38; 8:1-2
	3012	Ao fim de 20 anos termina Salomão as duas casas, a casa do Senhor e a casa do rei. Levou 7 anos a edificar o templo e 13 anos a construir os seus palácios (1Rs 3:1; 7:1; 9:10).
	?	Jeroboão foge para o Egipto, junto de Sisaque (1Rs 11:28-40).
976	3028	Morte de Salomão. ROBOÃO começa a reinar; tem 41 anos.

Ano	Ref	Evento
975	3029	Início da monarquia dividida
		Primeiro ano oficial de ROBOÃO. Reina 17 anos em Judá. JEROBOÃO começa a reinar em Israel; reina 22 anos (1Rs 14:20-21).
		Jeroboão edificou Siquém, e habitou ali; e saiu dali, e edificou a Penuel (1Rs 12:25).
		Jeroboão lançou fora os sacerdotes e levitas que havia em Israel; estes foram a Judá e a Jerusalém, e fortaleceram o reino de Judá e corroboraram a Roboão por 3 anos (2Cr 11:13-17).
	3032	Roboão deixou a lei do Senhor, e com ele todo o Israel (2Cr 12:1).
971	3033	No 5º ano de Roboão, Sisaque do Egipto invade Judá com um exército de líbios, suquitas e etíopes. Tomou as cidades fortes de Judá, subiu a Jerusalém e tomou os tesouros da casa do Senhor e da casa do rei (2Cr 12:2-4; 1Rs 14:25-26).
958	3046	No 18º ano de Jeroboão, ABIAS/ABIÃO começa a reinar em Judá. Reinou 3 anos (1Rs 15:1-2; 2Cr 13:1-2).
		Guerra entre Abião e Jeroboão. Abião toma cidades a Jeroboão: Betel, Jesana, Efron (2Cr 13).
956	3048	No 20º ano de Jeroboão, Asa começa a reinar em Judá; é o seu ano 0, ainda atribuído oficialmente a Abias (1Rs 15:9-10).
955	3049	1º ano oficial de ASA. Reina 41 anos
954	3050	2º ano de Asa: NADABE, filho de Jeroboão, começa a reinar em Israel. Reina 2 anos (1Rs 15:25).
953	3051	3º ano de Asa: BAÁSA mata Nadabe em Gibeton (que era dos filisteus) e reina em seu lugar. Baása reina 24 anos sobre Israel, em Tirza (1Rs 15:27-33).
		Nos dias de Asa, a terra esteve em paz 10 anos (2Cr 14:1).
949	3055	Nascimento de Josafat, filho de Asa (Josafat tinha 35 anos quando começou a reinar, em 3090 - 1Rs 22:41).
941	3062	Invasão de Zera, o etíope, algum tempo depois de 10 anos de paz. Vitória de Judá (2Cr 14:9-15).
940	3063	15º ano de Asa, 3º mês: o povo juntou-se em Jerusalém e renova a aliança (2Cr 15:10).
		Não houve guerra contra Baása até ao 35º ano de Asa (contado desde o início da monarquia dividida, iniciada com Roboão em 3029, portanto, de facto, o 15º ano de Asa.) (2Cr 15:19)
		Sobre a anomalia cronológica de Asa e Baása: https://cronologiab.blogspot.com/2015/02/asa-e-baasa.html
939	3064	16º/36º ano de Asa: Baása sobe contra Judá e edificou Ramá, para que a ninguém fosse permitido sair de junto de Asa nem chegar a ele. Asa faz aliança com Ben-Hadad, rei da Síria, e é repreendido: desde agora haverá guerras contra ti (2Cr 16).
		Ben-Hadad ataca algumas cidades de Israel: Ijon, Dan, Abel, Beth-maaca, Quineroth, e toda a terra de Naftali (1Rs 15:20).
930	3074	26º ano de Asa: ELÁ, filho de Baása, começa a reinar e reina 2 anos (1Rs 16:8).
929	3075	27º ano de Asa: ZIMRI mata Elá e reinou em seu lugar 7 dias (1Rs 16:8-15).
		Ouvindo a notícia, o povo [o exército], que estava acampado contra Gibeton, que era dos filisteus, constituiu rei a Omri (1Rs 16:15-20).
		Mas o povo divide-se em 2 partidos: metade do povo seguia a TIBNI e a outra metade a OMRI (1Rs 16:21-22).
925	3079	Nascimento de Jeorão, filho de Josafat (2Rs 8:16-17).

O SACRIFÍCIO: AS SETENTA SEMANAS DE DANIEL

	3079	31º ano de Asa: Tibni morre e OMRI começa a reinar (só). Reinou 12 anos no total, 6 dos quais em Tirza (1Rs 16:23). Omri comprou o monte de Samaria e edificou a cidade de Samaria (Semer) (1Rs 16:24). Omri oprimiu Moab, conforme texto bíblico e Estela de Mesa/Pedra Moabita. Mesa, rei dos moabitas, revolta-se depois da morte de Acab (2Rs 1:1; 3:4-5).
918	3086	38º ano de Asa: ACAB, filho de Omri, começa a reinar. Reinou 22 anos (1Rs 16:28-29).
	?	Acab tomou por mulher Jezabel, filha de Etbaal, rei dos sidónios (1Rs 16:31).
917	3087	39º ano de Asa: no tempo da sua velhice, Asa cai doente dos pés (2Cr 16:12).
915	3089	Asa morre no ano 41º do seu reinado. Josafat começa a reinar no 4º ano de Acabe (2Cr 16:13; 1Rs 22:41).
914	3090	Primeiro ano oficial de JOSAFAT. Reinou 25 anos (1Rs 22:41).
	?	Começo do período de seca. Elias confronta Acab e esconde-se (1Rs 17).
912	3092	No 3º ano: Josafat enviou príncipes, levitas e sacerdotes a ensinarem a lei nas cidades de Judá. Veio o terror sobre os reinos ao redor, de maneira que não fizeram guerra contra Josafat (2Cr 17:7-10).
	?	No 3º ano da seca, ELIAS confronta Acab e mata os profetas de Baal (1Rs 18, 19). ELISEU segue Elias e serve-o (1Rs 19:19-21).
909	3095	Josafá aparenta-se com Acabe, através do casamento do seu filho Jeorão com a filha de Acabe, Atalia.
908	3096	Nasce Acazias, filho de Jeorão e Atalia (começou a reinar com 22 anos - 2Rs 8:25-26).
	3102	Ben-Hadad rei da Síria cerca Samaria. Acab sai contra ele com os moços da província. Os siros fogem (1Rs 20:1-21).
	3103	Passado um ano, Ben-Hadad volta a reunir tropas e sobe a Afek para pelejar contra Israel, que vence a batalha. Acab faz aliança com Síria em vez de destruir Ben-Hadad. Ben-Hadad restitui cidades que seu pai tinha conquistado a Israel. (1Rs 20:22-43)
	?	Episódio da vinha de Naboth (1Rs 21:1-16). Deus manda Elias ameaçar Acab e este humilha-se (1Rs 21:17-29).

?	Batalha de Qarqar. No 6º ano de Salmaneser III. Assíria enfrenta uma coligação de 12 reis, que incluía Ben-Hadad de Damasco e Acabe de Israel. Embora o reino de Israel estivesse longe do centro da campanha de Salmaneser, Acabe deve ter-se sentido ameaçado pelo crescente expansionismo assírio, e porque Acabe exercia controlo sobre as rotas de comércio do Egipto e Arábia para o Norte. Acabe forneceu 2000 carros (mais de metade da força total) e 10.000 soldados (pelo menos 1/6 de toda a infantaria). Informação segundo inscrição no Monólito de Kurkh.
898	**3106** ACAZIAS, filho de Acab, começa a reinar em Samaria no 17º ano de Josafat (aparentemente em co-regência com Acab) (1Rs 22:52).
	Durante 3 anos, não houve guerra entre a Síria e Israel. No 3º ano, Josafat foi ter com Acab em Samaria e alia-se com Acab para tentar retomar Ramoth de Gilead à Síria (1Rs 22;2Cr 18).
	JEORÃO, filho de Josafat, entra numa co-regência temporária com o pai, possivelmente para garantir a sucessão caso a batalha de Ramoth Gilead corra mal (2Rs 1:17).
897	**3107** Acabe morre na batalha por Ramoth de Gilead (1Rs 22:29-40).
	Josafat é repreendido pelo profeta Jeú, filho de Hanani, por ter ajudado Acab (2Cr 19:1-3).
	Ataque de moabitas e amonitas contra Josafat. Vitória de Josafat (2CR 20:1-29).
	Josafat aliou-se com Acazias para fazer navios, mas estes quebraram-se em Ezion-geber (1Rs 22:49-50; 2Cr 20:35-37).
	No **18º ano de Josafat**, depois da morte de Acabe, Acazias adoece e morre. JORÃO seu irmão começa a reinar em Israel. Reinou 12 anos (2Rs 1; 3:1).
	2Rs 1:17 - Jorão começou a reinar no 2º ano de Jeorão, filho de Josafat. Jeorão estava numa posição de autoridade (pro-rex), bem que ainda não era uma corregência de facto, não sendo por isso contado no tempo total de reinado. A corregência só se iniciou oficialmente no 22º ano de Josafat.
	3108 Depois da morte de Acab, Mesa, rei dos moabitas, revolta-se contra Israel. Jorão sai de Samaria, alia-se com Josafat, rei de Judá e com o rei de Edom; pelo caminho do deserto de Edom, avançaram contra os moabitas (2Rs 1:1; 31-27).
	(Pedra Moabita, ou Estela de Mesha.)
893	**3111** No ano 5º de Jorão (de Israel), **reinando ainda Josafat (22º ano)**, começa a reinar JEORÃO, filho de Josafat (em Judá). Era da idade de 32 anos e reinou 8 anos (4 em co-regência, 4 como solo-rex). (2Rs 8:16-17)
889	**3115** Depois da morte de Josafat, Jeorão começa a reinar só e mata todos os seus irmãos (2Cr 21:1-5).
	Revolta dos idumeus contra o domínio de Judá; constituíram para si um rei (2Cr 21:8-10).
	Jeorão recebe uma carta de Elias (2Cr 21:12-15).
	Os filisteus e os arábios, da banda dos etíopes, subiram a Judá. Levaram toda a fazenda da casa do rei, bem como seus filhos e mulheres. Apenas deixaram Joacaz (= Acazias), o mais moço de seus filhos (2Cr 21:16-17; 22:1-2).
888	**3116** O Senhor feriu Jeorão nas suas entranhas com enfermidade incurável (2Cr 21:18-19).
887	**3117** Acazias começa a reinar em Judá no ano 11º de Jorão, filho de Acab (2Rs 9:29), aparentemente numa situação de corregência não oficial e não contada.

886	3118	Jeorão morre ao cabo de 2 anos da doença. **ACAZIAS** começa a reinar no ano 12 de Jorão, filho de Acabe (2Rs 8:25-26; 2Cr 22:2-4). Há uma aparente incongruência entre Acazias tinha 22 anos quando começou a reinar (2Rs 8:25-26) e Acazias era "filho de 42 anos" (2Cr 22:2), (atenção que nen todas as versões dizem 42 anos em 2Cr22:2, optando por usar 22 anos em ambo: os versículos). Acazias, rei de Judá, não era apenas filho da dinastia de David, mas também da dinastia de Onri. A sua mãe era Atalia, filha de Onri, rei de Israel. Na verdade, Atalia era filha de Acabe (filho de Onri) e de Jezabel. Josafat aparentou-se com Acabe através do casamento do seu filho Jeorão (2Cr 18:1; 21:6). Acazias tinha 2: anos quando começou a reinar, mas os 42 anos de Acazias levam-nos ao início d(reinado/dinastia de Onri. Acazias foi com Jorão, filho de Acab, a Ramoth de Gilead, contra Hazael, rei da Síria. Jorão é ferido e volta a Jezreel para se curar. **JEÚ** mata Jorão e Jezabel e extermina toda a casa de Acab, e reina sobre Israel 28 anos. Jeú também mata Acazias, rei de Judá. (2Rs 9, 10; 2Cr 22:5-) Em Judá, **ATALIA** mata toda a descendência real e usurpa o trono (2Rs 11:1-3). **Joás**, filho de Azarias, escapa da matança executada por Atalia e fica escondido na casa do Senhor durante 6 anos (2Cr 22:10-12).
885	3119	1º ano oficial de **JÉU**. Jeú reinou sobre Israel, em Samaria, 28 anos (2Rs 10:36).
879	3125	No 7º ano (depois de 6 anos escondido), o sacerdote Joiada fez sair Joás e coroou-o rei. **JOÁS** começa a reinar no ano 7º ano de Jeú e reinou 40 anos (2Rs 11:4-21; 12:1).
857	3147	**JEOACAZ**, filho de Jeú, começa a reinar sobre Israel, em Samaria, no ano 23 de Joás, e reinou 17 anos (2Rs 13:1)
843	3161	**JEOÁS**, filho de Jeoacaz, começa a reinar no ano 37 de Joás (2Rs 13:10). Esteve durante 3 anos numa situação de co-regência não oficial, por isso não incluídos no total de 16 anos de reino, que só se iniciam com a morte de Jeoacaz.
840	3164	Início oficial do reinado de **JEOÁS** (2Rs 14:1).
839	3165	**AMAZIAS**, filho de Joás, começa a reinar no 2º ano de Jeoás, rei de Israel. Reinou 29 anos (2Rs 14:1-2).
	3168	JEROBOÃO, filho de Jeoás, em co-regência com o pai (2Rs 15:1).
825	3179	**JEROBOÃO**, filho de Jeoás, começa a reinar em Samaria no 15º ano de Amazias. Reinou 41 anos (2Rs 14:23)
	3193	Amazias, filho de Joás, rei de Judá, viveu 15 anos depois da morte de Jeoás, filho de Jeoacaz, rei de Israel (2Rs 14:17).
810	3194	**AZARIAS/UZIAS** começa a reinar no ano 27 de Jeroboão. Reinou 52 anos (2Rs 15:1). OSÉIAS começa a profetizar perto do final do reinado de Jeroboão, filho de Jeoás, e nos dias de Uzias, Jotão, Azaz e Ezequias (durante cerca de 60 anos). AMÓS profetiza nos dias de Uzias e de Jeroboão.

785	3219	Descansou Jeroboão com seus pais, com os reis de Israel; e ZACARIAS, seu filho, reinou em seu lugar (2Rs 14:29).
773	3231	No ano 38 de Azarias (=Uzias), rei de Judá, reinou Zacarias, filho de Jeroboão, sobre Israel, em Samaria, 6 meses (2Rs 15:8). Nota: Zacarias já reinava desde a morte de Jeroboão, embora o número de anos do seu reinado não é dado. Este versículo (2Rs 15:8) apenas indica o fim do seu reinado. O facto de Zacarias reinar 6 meses no ano 38 de Azarias/Uzias, e Salum começar a reinar no ano 39, significa que o reinado de Azarias começa a contar em Tishri e é desfasado com o de Judá, que começa em Abib.
772	3232	SALUM, filho de Jabes, conspirou contra Zacarias, matou-o e reinou em seu lugar. Começou a reinar no ano 39 de Uzias, e reinou 1 mês. MENAÉM mata Salum e começa a reinar desde o ano 39 de Azarias/Uzias, e reinou 10 anos (2Rs 15:13-17).
761	3243	PECAÍAS, filho de Menaém, começa a reinar no ano 50º de Azarias/Uzias, rei de Judá. Reinou 2 anos (2Rs 15.22-23).
759	3245	PECA, filho de Remalias, conspirou contra Pecaías. Começa a reinar no ano 52 de Azarias/Uzias, rei de Judá. Reinou 20 anos em Samaria (2Rs 15:25-27). Ano da morte de Uzias: visão de ISAÍAS (Is 6). ISAÍAS profetiza nos dias de Uzias, Jotão, Acaz e Ezequias.
758	3246	JOTÃO, filho de Uzias, começa a reinar no ano 2º de Peca. Tinha 25 anos. Reinou 16 anos (2Rs 15:32-33) MIQUÉAS fala nos dias de Jotão, Acaz e Ezequias.
743	3261	ACAZ, filho de Jotão, começa a reinar (ano 0) no ano 17 de Peca. Tinha 20 anos quando começou a reinar e reinou 16 anos (2Rs 16:1-2).
742	3262	Primeiro ano oficial de ACAZ. Reinou 16 anos.
740	3264	OSEIAS, filho de Elá, conspirou contra Peca, e o matou (no 20º ano de Peca). Reinou em seu lugar no 20º ano (?) de Jotão, filho de Uzias (2Rs 15:30). De facto é o 20º ano desde o ano da morte de Uzias, ano em que Jotão começou a reinar. Mas Acaz já está a reinar. Porquê fazer referência a Jotão e não a Acaz? https://cronologiab.blogspot.com/2016/05/o-rei-acaz.html Nota: Neste período parece haver um interregno, uma suspensão da monarquia em Israel, embora não seja mencionado como tal na Bíblia. Oseias não começa a reinar logo após a morte de Peca, mas vários anos mais tarde, no 12º ano de Acaz (comparar 2Rs 15:30 e 17:1). Os Assírios conquistaram uma grande parte do território de Israel (cerca de 75%) (2Rs 15:29). Apenas restou uma faixa de terra cercada de três lados pela ocupação assíria. Nesse tempo, ACAZ, rei de Judá e vassalo do rei da Assíria, terá estado em autoridade também sobre o que restou do território de Israel. Acaz é chamado "rei de Israel" (2Cr 28:19, 26-27) e os atos de Acaz estão escritos nos anais de Judá e também de Israel (2Cr 28:19, 26-27; 2Rs 16:19-20).
729	3275	No ano 12º de Acaz [na qualidade de rei sobre Israel], que é na realidade o 14º ano de Acaz como rei de Judá, começa a reinar OSEIAS, filho de Elá. Reinou 9 anos (2Rs 17:1)
727	3277	Acaz morre e o sepultaram na cidade, em Jerusalém (de Judá), porém não o puseram nos sepulcros dos reis de Israel (2Cr 28:27), o que subentende que Acaz foi também rei de Israel.

O SACRIFÍCIO: AS SETENTA SEMANAS DE DANIEL

	3277	EZEQUIAS, filho de Acaz, começou a reinar no 3º ano de Oséias. = ano 0 de Ezequias. Reinou 29 anos (2Rs 18:1-2)
723	3281	No 4º ano de Ezequias, que era o 7º de Oséias, subiu Salmaneser, rei da Assíria, contra Samaria, e a cercou (2Rs 18:9).
721	3283	Ao cabo de 3 anos, Samaria foi tomada, no 6º ano de Ezequias, que era o 9º de Oséias (2Rs 17:6; 18:10). No ano 9º de Oseias, o rei da Assíria tomou a Samaria e transportou a Israel para a Assíria (2Rs 17:6; 18:9-10)
713	3291	No 14º ano do rei Ezequias, subiu Senaquerib, rei da Assíria, contra todas as cidades fortes de Judá, e as tomou (2Rs 18:13). Enviou o rei da Assíria a Tartan, e a Rabsaris, e a Rabsaqué, com um grande exército a Jerusalém... (Is 36-37).
712	3292	Adoeceu Ezequias...Acrescentarei aos teus dias 15 anos e das mãos do rei da Assíria te livrarei (2Rs 20:1-6). O motivo da oração e lágrimas de Ezequias seria o facto de ele não ter ainda um filho herdeiro para continuar no trono de Judá. Manassés tinha apenas 12 anos quando começou a reinar (2Rs 20:1-6; Is 38).
709	3295	Nasceu Manassés, filho de Ezequias.
697	3307	MANASSÉS tinha 12 anos quando começou a reinar e reinou 55 anos (2Rs 21:1)
642	3362	AMOM tinha 22 anos quando começou a reinar e reinou 2 anos (2Rs 21:19).
640	3364	JOSIAS tinha 8 anos quando começou a reinar e reinou 31 anos (2Rs 22:1).
		SOFONIAS profetiza nos dias de Josias.
633	3371	No 8º ano do seu reinado, sendo ainda moço, Josias começou a buscar o Deus de David (2Cr 34:3)
629	3375	No 12º ano começou a purificar a Judá e a Jerusalém dos altos, dos postes-ídolos e das imagens de escultura e de fundição. Purificou a Judá e Jerusalém e fez o mesmo nas cidades de Manassés, de Efraim e de Simeão, até Naftali. Então voltou para Jerusalém (2Cr 34.3-7)
628	3376	13º ano de Josias: JEREMIAS começa a profetizar (Jr 25:3), até ao começo do exílio.
623	3381	18º ano de Josias: renovação da aliança (2Cr 34:29-33) e celebração da páscoa (2Cr 34, 35).
610	3394	Josias foi morto em Megido quando saiu contra Neco do Egito. O povo da terra toma a JEOACAZ e o ungiu rei em lugar de seu pai. Tinha Jeoacaz 23 anos quando começou a reinar e reinou 3 meses. Neco mandou prendê-lo em Ribla, terra de Hamate. Jeoacaz morre no Egipto. Faraó-Neco constituiu Eliaquim, filho de Josias, rei, em lugar de Josias, e lhe mudou o nome em JEOAQUIM. Tinha 25 anos quando começou a reinar e reinou 11 anos (2Rs 23:29-30,31,34).
609	3395	1º ano de JEOAQUIM
607	3397	3º ano de Jeoaquim. Nabucodonosor sitia Jerusalém (9º mês?). Daniel levado para Babilónia (Dn 1:1). Início dos 70 anos de cativeiro.
606	3398	4º ano de Jeoaquim. Faraó Neco derrotado em Carquemis junto ao Eufrates (Jr 46:1-2).
599	3405	11º ano de Jeoaquim. Joaquim começa a reinar, 3 meses = ano 0 (2Rs 24:8-18; 2Cr 36:8-9)
598	3406	JOAQUIM reina 10 dias neste ano e é depois levado para Babilónia na primavera do ano (2Cr 36:10). Este ano é atribuído a Joaquim.
597	3407	ZEDEQUIAS, seu irmão, é estabelecido rei sobre Judá e Jerusalém. Reina 11 anos (2Cr 36:10-11; Jr 52:1-2).

	3410	5º ano do cativeiro de Joaquim: primeira visão de EZEQUIEL no 30º ano [a contar da renovação da aliança no 18º ano de Josias, ano 3381]
589	3415	9º ano de Zedequias, décimo mês: Nabucodonosor cerca Jerusalém até ao 11º ano (2Rs 25:1-2).
587	3417	No quinto mês do 11º ano de Zedequias (= 19º de Nabucodonosor) (2Rs 25:8). Nabucodonosor queima a casa do Senhor e leva Israel para o exílio.

DO EXÍLIO (3º ANO DE JEOAQUIM) A JESUS

a.C.	AM	Factos bíblicos
607	3397	3º ano de Jeoaquim: Nabucodonosor sobe contra Jerusalém pela primeira vez [como príncipe e general do exército]. Um grupo de jovens da linhagem real e dos nobres, entre os quais Daniel, é levado para Babilónia. Início de um período de 70 anos de cativeiro (Dn 1:1-2; 2Cr 36:5-7; 2Rs 24:1?).
606	3398	Judá é agora vassalo do rei da Babilónia: Jeoaquim fica 3 anos servo de Nabucodonosor (2Rs 24:1). 4º ano de Jeoaquim: Faraó Neco é derrotado em Carquemis (a batalha de Carquemis é anterior a 8 de Av, morte de Nabopolassar). (Jr 46:2; 2Rs 24:7) O ano 4º de Jeoaquim é o primeiro ano de Nabucodonosor (Jr 25:1). *[Segundo as Crónicas Babilónicas, Nabopolassar morreu em 8 de Av (5º mês); Nabucodonosor volta para Babilónia para ocupar o trono em 1 de Elul (6º mês).]* O ano de Jeoaquim, contado de Nisan a Nisan, é desfasado com o ano de Nabucodonosor, contado de Tishri a Tishri (ou Elul a Elul?).
605	3399	Jeremias profetiza (é o 23º ano desde que Jeremias começou a profetizar no 13º ano de Josias – Jr 25:1-3): estas nações servirão ao rei de Babilónia, 70 anos Acontecerá, porém, que, quando se cumprirem os 70 anos, visitarei o rei de Babilónia e esta nação (Jr 25:9-12) No ano 5º de Jeoaquim, no mês 9º, foi apregoado um jejum em Jerusalém. Porquê um jejum no 9º mês? Estará relacionado com a invasão de Nabucodonosor e a deportação de Daniel e dos jovens? Baruch leu as palavras, que Jeremias escreveu, na casa do Senhor. As palavras também foram lidas para o rei, que cortou o rolo com um canivete e o lançou no fogo (Jr 36)
604	3400	3º ano de Daniel como estudante na Babilónia. Venceu o tempo determinado pelo rei para Daniel e seus amigos serem avaliados pelo rei; passaram a assistir diante do rei (Dn 1:18-20). 2º ano de Nabucodonosor: o sonho da estátua (Dn 2). Segundo Josefo, no 8º ano de Jeoaquim (que é o 4º/5º de Nabucodonosor), Nabucodonosor fez uma expedição contra os judeus e exigiu tributo de Jeoaquim (Ant.10,6.1(87)).
600	3404	Nabucodonosor subira contra Jeoaquim [no 3º ano deste] e este ficou 3 anos seu servo; depois revoltou-se (2Rs 24:1). E Deus enviou contra ele tropas dos caldeus ... (2RS 24:2). No 7º ano de Nabucodonosor [que é o 10º de Jeoaquim] 3023 judeus são levados cativo (Jr 52:28).
599	3405	11º ano de Jeoaquim. Morte de Jeoaquim: Em sepultura de jumento o sepultarão, arrastando-o e lançando-o para bem longe fora das portas de Jerusalém. (Jr 22:18-19) Joaquim/Jeconias começa a reinar; reina 3 meses nesse ano = ano 0 (2Rs 24:8-18; 2Cr 36:8-9).
598	3406	Joaquim/Jeconias reina 10 dias neste ano; é levado preso no 8º ano de Nabucodonosor, na primavera do ano. Primeiro ano do cativeiro (contado a partir do dia 10 do 1º mês: ver Ez 40:1). (2Rs 24:12; 2Cr 36:9-10)

O SACRIFÍCIO: AS SETENTA SEMANAS DE DANIEL

		O rei da Babilónia estabeleceu a Matanias, tio de Jeoacaz, rei em seu lugar, e le' mudou o nome em Zedequias (2Rs 24:17). Zedequias ano 0. 2Rs 24:17; (Ez 17:11-14) Jeremias escreve uma carta aos exilados, dizendo: Passados 70 anos, em Babilónia, vos visitarei (Jr 29:10). (Refere-se ao período de 70 anos que começou com a primeira deportação para Babilónio no 3º ano de Jeoaquim).
597	3407	1º ano oficial de ZEDEQUIAS.
594	3410	5º ano do cativeiro, 4º mês, dia 5. Visão de EZEQUIEL no 30º ano [a contar da renovação da aliança no 18º ano de Josias, ano 3377] (Ez 1:1-2). 4º ano de Zedequias, mês 5º: a luta de Jeremias com o falso profeta Hananias (Jr 28).
593	3411	No 6º ano do cativeiro, no mês 6º, Ezequiel vê em visão a glória de Deus afastar-se do templo em Jerusalém (Ez 8-10).
590	3414	9º ano do cativeiro, 10º mês, dia 10. A palavra do Senhor a Ezequiel: escreve o nome deste dia, deste mesmo dia; porque o rei de Babilónia se aproxima de Jerusalém, neste mesmo dia, exatamente 1 ano antes do início do cerco (Ez 24:1-2).
589	3415	9º ano de Zedequias, 10º mês, dia 10: Nabucodonosor (18º ano) inicia o cerco a Jerusalém e leva para o exílio 832 pessoas (2Rs 25:1-2;Jr 52:4-5, 29).
588	3416	10º ano do cativeiro, 10º mês, dia 12: profecia de Ezequiel contra o Egipto (Ez 29:1-16).
587	3417	11º ano do cativeiro, 1º mês, dia 7, a palavra do Senhor diz: eu quebrei o braço de Faraó, rei do Egipto ... eu levantarei os braços do rei de Babilónia, mas os braços de Faraó cairão (Ez 30:20-26). E o exército de Faraó saiu do Egipto: e, ouvindo os caldeus, que tinham sitiado Jerusalém, esta notícia, retiraram-se de Jerusalém (Jr 37:5). O cerco foi interrompido por um breve período na primeira metade do ano. Estando o cerco interrompido, Jeremias tentou sair de Jerusalém a fim de ir à terra de Benjamim, mas foi impedido e preso. Durante esse período, Zedequias fez concerto com todo o povo que havia em Jerusalém, para lhes apregoar a liberdade, mas rapidamente se arrependeram (Jr 34:8-22). 11º ano de Zedequias, 4º mês, dia 9: foi aberta uma brecha na cidade, e os homens de guerra fugiram, bem como o rei, que foi alcançado e preso, e levado a Ribla (Jr 52:5-11).
587	3417	11º ano de Zedequias, 5º mês, dia 10 (= 19º ano de Nabucodonosor) **Jerusalém é arrasada e queimada** (2Rs 25:8; Jr 52:12-14). O povo de Judá é levado para o cativeiro na Babilónia. Gedalias é posto como maioral sobre o povo que ficou na terra de Judá (2Rs 25:22; Jr 52:15-27). 7º mês: Gedalias é assassinado. O povo foi para o Egipto por medo dos caldeus. Jeremias foi com eles (2Rs 25:23-26). No 12º ano do cativeiro, 10º mês, dia 5, um que tinha escapado de Jerusalém foi anunciar a Ezequiel: Ferida está a cidade (Ez 33:21).

574	3430	25º ano do cativeiro, no princípio do ano, no 10º dia do mês (1º mês,10º dia é a data do início do cativeiro), 14 anos depois que a cidade foi ferida, Ezequiel tem a visão do templo (Ez 40:1)
572	3432	27º ano, mês 1, dia 1, Deus revela a Ezequiel (Ez 29:17-21) que o exército de Nabucodonosor prestou um grande serviço contra Tiro; darei a Nabucodonosor, rei da Babilónia, a terra do Egipto.
	?	Visão de Nabucodonosor: o sonho de uma grande árvore (Dn 4).
562	3442	No 37º ano do cativeiro de Joaquim, no mês 12º, dia 27, EVIL-MERODACH, rei de Babilónia, libertou, no ano em que reinou, Joaquim da casa da prisão (2Rs 25:27; Jr 52:31). 562-560 a.C. é a data atribuída a Evil-Merodach.
554	3450	1º ano de Belshazar: Daniel tem a visão dos 4 animais que subiam do mar (Dn 7).
		Belsazar era filho de Nabónido e foi por este nomeado corregente em 553 (as datas consensuais do reinado de Nabónido são 556-539 a.C.)
552	3452	3º ano de Belshazar. Daniel estava na cidade de Susan, na província de Elam, quando tem a visão do carneiro e do bode (Dn 8).
539	3465	Banquete de Belshazar (Dn 5).
		Babilónia é tomada (mês 7, que corresponde a outubro) em 539 a.C. data consensual. Belshazar é morto.
		Dario o medo recebe o reino (Entrada triunfal de Ciro mês 8).
538	3466	1º ano de Dario o medo (que é Ciro). Dario o medo constitui sátrapas e 3 presidentes incluindo Daniel (Dn 6:1-3).
		Petição e conspiração contra Daniel. Cova dos leões. Oração de Daniel (Dn 9:1-?)
537	3467	**1º ano de Ciro**: decreto de Ciro, em cumprimento de Jr 29:10: Passados 70 anos em Babilónia vos visitarei. A contar do 3º ano de Jeoaquim (Dn 1:1; 2Cr 36:22-23)
536	3468	Os judeus regressam a Jerusalém, na primavera, sob a direção de Zorobabel e Jesua. Edificação do altar. A lei é lida por Esdras diante da porta das águas. Festa dos tabernáculos 7º mês. Aliança. (Esd 3:1-7; Ne 8-9-10)
535	3469	3º ano de Ciro. No início do ano vem uma palavra a Daniel, que trata de uma guerra prolongada. Três semanas depois, no 1º mês dia 24, visão à borda do rio Hidequel (Dn 10:1-4).
		Em Jerusalém, 2º ano do regresso, 2º mês: constituiram levitas para a obra da casa do Senhor (Esd 3:8-9).
		Começa a oposição à construção. A obra cessou até ao 2º ano de Dario, rei da Pérsia (Esdras 4).
	3470	
	3471	
	3472	
	3473	
	3474	
	3475	
	3476	
	3477	
	3478	
	3479	
	3480	
	3481	

522	3482	Ano de acessão de Dario na Pérsia (mes 7 a 12). A data consensual para o início do reinado de Dario é 521 a.C.
521	3483	1º ano de Dario, assumindo que em Judá o seu reinado é contado de Nisan a Nisan
520	3484	2º ano de Dario. Ageu e Zacarias começam a profetizar. Profecias de Ageu 1:1-12 (6º mês, 1º dia) e Ag 2:1-9 (7º mês, 21º dia) e Ag 2:10-23 (7º mês, 24º dia). «Edificai a casa». No 24º dia do 7º mês fundou-se o templo (Ag 2:10,18). 11º mês: visão de Zacarias 1 do homem no cavalo vermelho entre as murteiras. Zc 1:12 - até quando não terás compaixão de Jerusalém e das cidades de Judá, contra as quais estás indignado faz já 70 anos? (Termina um período de 70 anos que começou com o cerco de Jerusalém). Provável início das 70 semanas: Voltei para Jerusalém com misericórdia; a minha casa nela será edificada (Zc 1:16). https://cronologiab.blogspot.com/2020/05/reconsiderar-saida-da-ordem-daniel-925.html
519	3485	3º ano de Assuero (que é Dario). Dario dá um banquete (Ester 1:1-3).
518	3486	4º ano de Dario, mês 11, 4º dia (Zc 7:1-5) - perguntaram aos sacerdotes e aos profetas: Continuaremos nós a chorar, com jejum, no 5º mês, como temos feito por tantos anos? ... Quando jejuastes e pranteastes no 5º e no 7º mês durante estes 70 anos ... O 5º mês refere à tomada de Jerusalém e o 7º mês à morte de Gedalias.
517	3587	
516	3488	6º ano de Dario. Templo terminado no 12º mês (Adar), 3º dia. (Esd 6:15)
515	3489	7º ano de Dario. Dedicação do templo e celebração da Páscoa no 1º mês (Ed 6:19-22).
		7º ano de Dario - 1º mês: Esdras sobe da Babilónia a Jerusalém, onde chega no 5º mês (Ed 7:1-9).
		Ester é levada ao rei no 10º mês (Tebeth) do 7º ano de Dario (Est 2:16).
514	3490	
513	3491	
512	3492	
511	3493	
510	3494	Haman começa a lançar sortes para destruir os judeus no 1º mês do ano 12º do rei Assuero/Dario (Es 3:7) até ao 12º mês. A sorte cai no dia 13 do 12º mês. São enviadas as cartas autorizando a matança dos judeus para aquele dia no ano seguinte.
509	3495	A intervenção de Ester junto do rei; no 3º mês (Sivan), dia 23, são enviadas as cartas que permitem aos judeus defenderem-se (Ester 4 a 8). Dia 13 do 12º mês, no 14º ano de Dario, é o dia do pogrom (Es 3:13; 8:9).
508	3496	
507	3497	
506	3498	
505	3499	
504	3500	
503	3501	No 9º mês [do 20º ano de Dario/Artaxerxes], em Susan, na Pérsia, Neemias recebe a informação acerca da situação em Jerusalém (Ne 1:1-3).
502	3502	No 1º mês (Nisan), Neemias pede autorização para ir a Jerusalém (Ne 2:1), e sobe a Jerusalém no mesmo ano. Logo à sua chegada começam as obras, que terminam no 6º mês, dia 25. Depois que o muro foi edificado, Neemias levantou as portas (Ne 7.1). Foram estabelecidos porteiros, cantores e levitas. Neemias nomeia Hanani e Hananias sobre Jerusalém (Ne 7:2). Dedicação do muro.

490	3514	No ano 32 do rei Artaxerxes/Dario, Neemias foi ter com o rei e não estava em Jerusalem, mas pouco depois regressou (Ne 13:6)
489		
488		
487		
486		Morte de Dario
2 d.C.	4002	Nascimento de Jesus
31	4034	Crucificação e ressurreição

Outras interpretações

A profecia das 70 semanas, originalmente traduzida por "setenta setes" ou, ainda, "setenta vezes sete", que em inglês é "Prophecy of Seventy Weeks", é uma profecia referente ao capítulo nove do livro bíblico do profeta Daniel, um dos livros do Antigo Testamento no cristianismo ou do Tanach no judaísmo, que para a maioria dos estudiosos diz respeito ao juízo final da humanidade, o surgimento do Messias. Na visão dispensacionalista também diz respeito ao surgimento do antimessias ou anticristo.

É, sem dúvida, a profecia mais complexa encontrada na Bíblia (ou Tanach) e de difícil compreensão, exigindo amplo conhecimento exegético e escatológico, pois supostamente comprova a veracidade de Jesus como Mashiach (Messias) por meio de seus cálculos e prevê a época do fim do mundo, tendo sido por isso proibido o seu estudo em algumas denominações do judaísmo (historicamente o judaísmo considera errado tentar prever a data da chegada do Messias). Também por causa dessa temática foi considerada por muitos estudiosos, cristãos e judeus, como sendo uma profecia polêmica, proibida da tentativa de interpretação e entendida como selada pelo próprio Deus, para ser compreendida apenas no fim dos tempos ("Tu, porém, Daniel, encerra as palavras e sela o livro, até ao tempo do fim; muitos o esquadrinharão e o saber se multiplicará" Daniel 12.4).

A profecia das 70 semanas de Daniel constitui um quebra-cabeça cronológico, que se inicia durante o cativeiro babilônico e terminaria no fim do mundo, em que os céus e a terra passariam com a chegada do Messias para reinar em um novo céu e uma nova terra, terminando com a existência do pecado e do mal, cuja contagem de tempo parece não se encaixar na história corrida, pois a razão principal deriva disto: o número de anos desde o decreto do rei Ciro, o Grande (alguns consideram o rei Artaxerxes), a libertação do povo judeu do cativeiro babilônico, que constituiria o ponto de partida inicial de um período completo de 70 semanas proféticas de anos (ou 490 anos) (refutado na página 73 deste livro), em que a cidade de Jerusalém seria reconstruída; o Messias chegaria e seria "cortado" e depois viria uma destruição indo até o final dos tempos. O início da sentença é tradicionalmente datado como 536 a.C. (liberação do povo judeu da Pérsia) e deveria coincidir com o batismo de Jesus, datado por volta do ano 30 d.C., aproximadamente, constituindo, assim, o término das 69 semanas (483 anos), entretanto a contagem ultrapassa largamente o tempo do ministério de Yeshua (Jesus), estendendo-se até 56 d.C. (cerca de 25 anos depois). Isso teve por consequência a procura de soluções que passam por alternativas ao decreto de Ciro (pois houve três decretos) como ponto de partida para contar as 70 semanas de anos ou também intercalar "lapsos", adicionando "pausas" indeterminadas de tempo entre o primeiro grupo das 7 semanas e o segundo grupo das 62 semanas e/ou entre o fim do grupo de 62 semanas e a 70ª e última semana.

"Obs.: Cálculo deve levar em conta o enunciado da oração de Daniel, pecados cometidos pelo povo de Daniel e da cidade santa, confirmando o decreto de Ciro de 536 a.C." Portanto, não se dever adicionar lapso de tempo a profecia.

"Cálculo retroativo aos pecados do povo de Daniel, mesmo porque os povos gentios nunca realizaram sacrifícios a o Deus de Israel e nem oferta de manjares".

Muitos daqueles que consideram que a profecia das 70 semanas deve ser interpretada à letra rejeitam, por isso, o decreto de Ciro como "a ordem de saída (retorno) para Jerusalém" e procuram substituir este por outros decretos alternativos de alguns anos mais tarde na história para encaixar perfeitamente com o tempo dessa profecia. Já que, se o decreto de Ciro constitui efetivamente a "ordem de saída (regresso)" para a reconstrução de Jerusalém, é, portanto, o ponto em que deveriam se iniciar os 490 anos da profecia. Se tomarmos por correta a data de 536 a.C. para o decreto de Ciro, ficamos com um problema quanto ao fato de o Messias da profecia não se tratar de Yeshua.

Ou seriam as 70 semanas uma indicação de tempo com conotações meramente simbólicas? Se for o caso, por que a profecia possui uma sentença de tempo tão específica? Devemos intercalar lapsos ou pausas de tempo? Mas como justificar esses lapsos de tempo? Por outro lado, se tomarmos por incorreta a data de 536 a.C. para o decreto de Ciro, toda a história deveria ser revista. Vários autores (Donovan Courville, Immanuel Velikovsky, David Rohl, Peter James, Emmet Sweeney e outros) já fizeram propostas revisionistas, mas não tiveram muita aceitação no meio acadêmico.

Segundo a interpretação do Pr. Gerhard F. Hasel, o ponto de partida das 70 semanas deve ser a ordem para reedificar Jerusalém, fato que teria ocorrido no sétimo ano de Artaxerxes (Ezrá, Esdras 7:7,8) com o retorno de Esdras em 457/458 a.C.; consequentemente, o término dos 483 anos aconteceu em 26 d.C., ano coerente com a unção de Yeshua pelo Espírito Santo durante o seu batismo próximo ao rio Jordão e o início do seu ministério público.

A interpretação do texto bíblico não é partilhada da mesma forma em todas as denominações cristãs e judaicas, podendo só se afirmar que, em uma visão majoritária, a profecia aponta para a época da manifestação do Messias esperado pelos antigos hebreus e o julgamento final da humanidade.

Alguns estudos cronológicos defendem que coincide perfeitamente com o batismo de Yeshua (26/27 d.C.), sua morte (29/30 d.C.) e o fim da exclusividade dos judeus como sendo "o povo de Deus", ou "o povo que detém a verdade", dando assim início à era da pregação do Evangelho (Brit Hadasha), nova aliança, aos povos estrangeiros (gentios) de todo o mundo, ou seja, como a profecia diz que se refere ao povo hebreu, haveria então uma "pausa" justamente com o surgimento da nova aliança e surgimento do povo cristão, reiniciando a profecia somente após o arrebatamento do povo cristão, quando então Deus iria finalizar seu juízo, sobretudo com o povo judeu na última semana de número 70. Interpretações cristãs com base em Daniel 7:13 afirmam que o Messias, exaltado diante de Deus, chamado "Filho do Homem" (em hebraico בן אדם, "ben Adam", "filho de adão", "ser humano"), "viria nas nuvens" e que, segundo o Antigo Testamento (ou Tanach), viria como "homem humilde sentado num jumentinho", isso segundo o livro do profeta Zacarias 9:9, indicando assim uma alusão à duas vindas de um mesmo Messias. Ambas as profecias confirmariam enfaticamente Yeshua como o Messias.

Mas é justamente a profecia messiânica de Zacarias que conflita com a interpretação judaica de um Messias rei, guerreiro e imortal no fim do mundo, como sugere a interpretação judaica talmúdica, motivo pelo qual muitos judeus são proibidos de estudar essa profecia.

Para a maioria dos teólogos e exegetas, um dia na profecia equivale a um ano literal; tal afirmação teria como base o "princípio dia-ano" exposto no livro de Números 14.34 e no livro do profeta Ezequiel 4.6). Entendendo que essa equivalência se aplique à profecia das 70 semanas, então elas são na verdade uma representação de um período total de 490 anos da história.

O SACRIFÍCIO: AS SETENTA SEMANAS DE DANIEL

Cruzando os tempos de duração das profecias do livro de Apocalipse (Novo Testamento) com essa profecia do livro do profeta Daniel (Antigo Testamento ou Tanach), temos uma indicação de que de fato um dia profético equivale a um ano real: "...estes, por quarenta e dois meses, calcarão aos pés a cidade santa" (Apocalipse 11:2) e continua: "Darei às minhas duas testemunhas que profetizem por mil duzentos e sessenta dias vestidas de pano de saco" (Apocalipse 11:3)

No livro de Daniel temos duas referências ao mesmo período da profecia, que diz: "...e cuidará em mudar os tempos e a lei; e os santos lhe serão entregues nas mãos, por um tempo, dois tempos e metade de um tempo" (Daniel 7:25), e segue dizendo: "... Depois do tempo em que o sacrifício diário for tirado e posta a abominação desoladora, haverá ainda mil duzentos e noventa dias" (Daniel 12:11).

Assim, tanto os 1260 dias como os 42 meses, mais o tempo (1 ano), dois tempos (2 anos) e metade de um tempo (6 meses), e por fim os 1260 dias equivalem exatamente a 3,5 anos, ou 3 anos e metade de um ano, período que se refere à metade da última semana de Daniel (uma semana de 7 anos) da profecia de Apocalipse, que se relaciona com a 70ª semana de Daniel e que se refere a um período de 7 anos do reinado do anticristo (refutado na página 30 deste livro), também conhecida como a grande tribulação ou 3,5 anos do reinado da besta de Apocalipse 13 na terra após o cancelamento de um acordo de paz de 7 anos.

Voltando para o livro de Daniel, observemos: "E ele firmará um acordo com muitos por uma semana [7 anos]; na metade da semana [após 3,5 anos] fará cessar o sacrifício e a oferta de manjares..." (Daniel 9:27).

Se 1260 dias = 42 meses = "um tempo, tempos e metade de um tempo" = 3,5 anos = "metade da semana", logo: 1 semana completa: 7 anos; 70 semanas (de anos): 490 anos literais.

Fazendo um cálculo análogo ao anterior, a frase "desde a saída da ordem para restaurar e para edificar Jerusalém, até a ungido, o príncipe, sete semanas e sessenta e duas semanas" sugere que se passariam um total de 483 anos:

62 semanas + 7 semanas = 69 semanas

69 semanas = 483 dias proféticos = 483 anos literais

Porém, sobra uma última semana para somar com as 69 semanas (483 anos) descritas e completar as 70 semanas (490 anos totais)

70 semanas = 7 semanas + 62 semanas + 1/a última semana

7 semanas = 49 anos

62 semanas = 434 anos

1 semana = 7 anos

7 s' + 62 s' + 1 s'= 490 anos

Esta última semana (70) em algumas interpretações cristãs, de acordo com a IASD e com o Preterismo, já teria ocorrido seu cumprimento e não se refere ao aparecimento do anticristo.

Em outras interpretações cristãs, sobretudo para o Dispensacionalismo, teriam se cumprido apenas as 69 semanas, sendo que a última semana estaria relacionada ao reinado final do anticristo e estaria separada cronologicamente das primeiras 69 semanas por um lapso de tempo profético (uma pausa na profecia), até que ocorra o arrebatamento da Igreja, permitindo assim a vinda do anticristo para se reiniciar a contagem da profecia, que culminaria na batalha do Armagedom e no fim dos tempos.

Interpretações

Interpretação de Jorge Sincelo

Jorge Sincelo, historiador bizantino, interpretou as 70 semanas como o período entre a ordem dada por Artaxerxes I para que o templo de Jerusalém fosse reconstruído no 115º ano do Império Aquemênida (Persa), 20º ano de Artaxerxes e quarto ano da 83ª olimpíada e a morte e ressurreição de Jesus no segundo ano da 202ª olimpíada o 16º ano do reinado de Tibério. Isso dá um total de 475 anos solares ou 490 anos hebraicos, que eram baseados em 12 meses lunares de 29,5 dias cada.

Interpretação protestante

O início do período de 70 semanas proféticas, ditas na revelação feita à Daniel (cf. Daniel 9:25), decretos do rei da Pérsia em 538 a.C., a restauração de Jerusalém e a volta dos exilados, nascimento e morte do Messias até o surgimento do anticristo e a grande tribulação (2 Coríntios 36:22-23; Esdras 1:1-3; Esdras 7:7-9).

O ponto de partida para as 70 semanas, de acordo com o Historicismo, é a "saída da ordem para restaurar e para edificar Jerusalém" (versículo 25). Isso ocorreu no sétimo ano de Artaxerxes I (Ezrá, Esdras 7:7-8), quando ele emitiu seu primeiro "decreto" (versículo 11-26). O sétimo ano de Artaxerxes é estabelecido firmemente como 458/457 a.C., com o retorno de Esdras em 457, e não em 458 a.C. Consequentemente, o primeiro ano de reinado de Artaxerxes no cálculo judaico começou no primeiro dia de Tishrei de 464 a.C.

Com base no fundamento histórico para essa data (457 a.C.), como o início das primeiras duas divisões da profecia do período das 70 semanas (7 + 62 semanas = 483 anos ou 69 semanas), a conclusão da passagem dos 483 anos é até 27 d.C., exatamente o mesmo ano da Mikvá (batismo) de Jesus. O Mikvá marcou a inauguração do ministério público de Yeshua (Jesus) como o Mashiach, o ungido, vindo a ressuscitar em 31 d.C. na correção de calendário (cumprimento até a semana 69). Houve outros decretos de reconstrução posteriores para se iniciar a contagem, mas há pelo menos duas fortes razões para a escolha do primeiro decreto de Artaxerxes I em 457 a.C. (Ezrá, Esdras 7) como o correto como o ponto de partida para os 483 anos. A primeira e principal razão é tanto exegética quanto histórica. Por fim viria um povo destruir a cidade (os romanos destruindo Jerusalém e o templo no ano 70 d.C., o que ocorreu, porém não se encaixa na contagem temporal), após isso haveria uma pausa para a pregação do cristianismo e arrebatamento e após isso surgiria o anticristo, que faria uma falsa aliança com o povo judeu, reabrindo a profecia para se cumprir a última semana número 70, que duraria 7, e por 3,5 anos haveria falsa breve paz e logo após ele quebraria a aliança iniciando a chamada abominação da desolação (grande tribulação), também durante os últimos 3,5 anos com o povo judeu, enfrentando a marca da besta. No Livro de Daniel 9:27, são os 3,5 anos (42 meses ou 1260 dias) restantes da grande tribulação em Apocalipse 13:5.

Interpretação adventista

O texto diz claramente: "Sabe e entende: Desde a saída da ordem para restaurar e para edificar Jerusalém, até o ungido (Messias), o príncipe, sete semanas e sessenta e duas semanas; as praças e as circunvalações se reedificarão, mas em tempos angustiosos" (Daniel 9:25). O decreto de Artaxerxes II, em 457 a.C., restaurou a situação legal de Jerusalém como governo subordinado (o restaurar da profecia) (Esdras 8:25) e determinou também a reconstrução (o edificar da profecia) 13 anos mais tarde por meio de Neemias (Neemias 2:17).

A reedificação dos muros foi feita com muita luta (tempos angustiosos) contra os inimigos (Neemias 4:16-23) samaritanos. As 69 semanas começaram, portanto, em 457 a.C. e terminaram em 27 d.C. Na última semana 69, é mencionada a morte do ungido (Cristo) (Daniel 9:26). O ungido faria firme aliança com muitos, por uma semana (os últimos 7 anos) e na metade da semana faria cessar o sacrifício (de animais) e a oferta de manjares. O ministério de Jesus durou 3,5 anos e, na sua morte, o véu do santuário rasgou-se de alto a baixo (Mateus 27:51) com a determinação do céu de que o sistema sacrifical não tinha mais valor, pois ele veio até ali apontar para Cristo. O verdadeiro sacrifício tinha acabado de acontecer no Gólgota, pondo fim aos sacrifícios de animais. Os 3,5 anos restantes da última semana foram dispensados à pregação das boas novas aos judeus, quando em 34 d.C. houve a morte de Estevão (Atos 7). Na última tentativa para a nação israelita aceitar o Messias, finalmente apedrejaram seu representante. A partir daí o Evangelho é levado aos gentios (Atos 13:46).

Interpretação preterista

O ponto de partida do cálculo é a revelação feita a Jeremias (cf. Daniel 9:25), o término do período é a restauração de Jerusalém e a volta dos exilados (2 Coríntios 36:22-23 = Esdras 1:1-3), decreto de Ciro II em 538 a.C.

Interpretação da visão como alegoria

A Edição Pastoral da Bíblia Católica sustenta que o autor não se mostra interessado em predizer a vinda do Messias ou o fim do mundo, nessa interpretação não se considera o tempo da profecia. Pelo contrário, quer sustentar a fé e encorajar a resistência dos judeus que estão sendo perseguidos por Antíoco IV; por isso, mostra que a opressão e perseguição acabarão logo e por isso ninguém deve desanimar.

Os versículos 24 a 27 do capítulo nove trazem pormenores que auxiliam os judeus perseguidos a identificar os acontecimentos que presenciam em 170 a.C., o sumo sacerdote Onias III foi assassinado pelos seus rivais, embora fosse o único sumo sacerdote justo (ungido inocente, versículo 26). A seguir, Antíoco IV invade Jerusalém e coloca no Templo uma estátua de Júpiter (ídolo abominável), fazendo com os sacerdotes do Templo um acordo (aliança durante uma semana).